Lindemann Group

Peter Schießl

Microsoft
PowerPoint 2021
BESONDERS EINFACH
Schulungsbuch
mit Übungen

ISBN 979-8-386319-75-5
V250323 / Lindemann Group
Herausgeber: Lindemann BHIT, München
Postanschrift: LE/Schießl, Fortnerstr. 8, 80933 München
E-Mail: post@kamiprint.de Fax: 0049 (0)89 99 95 46 83
© Dipl.-Ing. (FH) Peter Schießl, München
www.lindemann-beer.com / www.kamiprint.de

Dieses Buch wurde mit größter Sorgfalt erstellt. Dennoch kann weder Verlag noch Autor aufgrund der Vielfalt der Soft- und Hardware irgendeine Haftung für Schäden durch Fehler des Buches oder der beschriebenen Programme übernehmen.

Alle erwähnten Namen von Programmen sind überwiegend eingetragene Markenzeichen der jeweiligen Hersteller und werden hier nur zur Identifikation dieser Originalprogramme genannt, deren Anwendung in diesem Schulungsbuch beschrieben wird.

Dieses Buch wurde anhand einer Standard-Installation von MS PowerPoint 2021 auf Windows 10 erstellt. Abweichungen von den Beschreibungen und Abbildungen sind durch eine benutzerdefinierte Installation, Updates oder durch andere installierte Software möglich.

Inhaltsverzeichnis

16. Mit Musik   85

VORLAGEN 89

Masterfolien und Vorlagen erstellen, Zeichnen, WordArt, Diagramm und Tabelle 89

17. Vorlage und Masterfolie   91

18. Zeichenobjekte, Textfelder   99

1. Was ist PowerPoint?

PowerPoint ist ein Programm, mit dem Sie Präsentationen erstellen können.

- ◆ Das ist einer Vorführung mit einem Diaprojektor vergleichbar.
  - ↳ Beim Diaprojektor können Sie verschiedene Dias nacheinander zeigen.
  - ↳ Bei PowerPoint sind diese Dias (=Folien) in einer Präsentation, ähnlich einer Mappe für Folien, zusammengefasst. Sie können per Mausklick zu der nächsten Folie weiterblättern oder die Präsentation automatisch ablaufen lassen.

- ◆ Diese Präsentationen können Sie am Bildschirm vorführen,
  - ↳ z.B. wenn Sie Kunden Ihr Produkt vorstellen,
  - ↳ oder automatisch ablaufen lassen, z.B. auf einem Computer im Schaufenster Ihres Geschäftes.

- ◆ Sie können die Präsentationen auf Overheadfolien ausdrucken und damit ganz klassisch bei Besprechungen, Kundenbesuchen, Messen oder als Dozent mittels Overheadprojektors vorführen.
  - ↳ Spezialfolien, die Sie mit jedem Tintenstrahl- oder Laserdrucker bedrucken können, sind in jedem Computergeschäft oder bei den Bürolieferanten erhältlich.

PowerPoint bietet zahlreiche Hilfen und Effekte, um diese Folien wirkungsvoll und ansprechend zu gestalten:

- ◆ Assistenten erleichtern es, Folien zu erstellen.
  - ↳ Sie können zwischen Vorschlägen auswählen, z.B. Einladung oder Betriebsversammlung und müssen nur noch die Texte überschreiben.

- ◆ Ein schöner grafischer Hintergrund bewirkt im Handumdrehen ein professionelles Erscheinungsbild.

- ◆ Spezielle Animationen, z.B. der Schreibmaschineneffekt mit entsprechendem Sound, erhöhen die Aufmerksamkeit und gestalten die Vorführung abwechslungsreicher.

Text mit mehreren Spalten:

- ◆ PowerPoint ist für mehrspaltiges Layout nicht optimal.
  - ✇ Mehrere Spalten lassen sich in jedem Textprogramm erzeugen.
  - ✇ PowerPoint ist für nacheinander erscheinende Folien mit wenig Text, schönem Hintergrund und Animationen ausgelegt.
  - ✇ Mehrere Spalten lassen sich im PowerPoint nur durch mehrere, nebeneinander gesetzte Textrahmen erreichen.

Hinweis, wenn Sie Tintenstrahldrucker verwenden:

- ◆ Tintenstrahlausdrucke sind in der Regel nicht wasserfest.
  - ✇ Die Gefahr besteht, dass diese beim Transport oder auf dem Projektor verschmieren.
  - ✇ Um dies zu verhindern, können Sie die Folien in Klarsichthüllen einlegen. Es empfehlen sich spezielle Folien für Overheadprojektoren.
  - ✇ Diese sind hauchdünn, so dass die Folie bei der Präsentation nicht herausgenommen werden muss und haben für Projektoren passende Lochungen.
- ◆ Als Alternative können die Folien mit speziellem Klarlack versiegelt werden. Das Lackieren erfordert jedoch handwerkliches Geschick.

Notizen:

....

....

....

....

....

....

....

....

....

....

....

....

....

....

....

....

....

....

LINDEMANN GROUP © DIPL.-ING. (FH) PETER SCHIEBL

2. Über das Design

Mit PowerPoint können Sie relativ einfach schön gestaltete Präsentationen erstellen. Wir wollen Sie hier nicht mit allen möglichen Regeln der Werbe-, Markt- und Wahrnehmungspsychologie langweilen, sondern nur einige Hinweise zur Gestaltung geben, da die meiste Arbeit PowerPoint mittels Vorlagen und vorgefertigten Designs übernimmt.

2.1 Ausgabe

Entscheidend ist das Endprodukt. Hierbei ist der Hauptunterschied, ob Sie Ihre Präsentation am Bildschirm vorführen oder ausdrucken wollen.

Zur Qualität:

- ◆ Für die Bildschirmpräsentation sollte sich die Auflösung am Ausgabemonitor richten, heute üblich: Full-HD 1920x1080 Punkte oder sogar 4k: 3.840x2.160.

- ◆ Bei einer Druckausgabe entscheidet das Ausgabemedium über die Qualität, auf Folien meist 300 dpi (dots per inch = Punkte pro Zoll), beim Offsetdruck bis zu 9600 dpi.

Zur Schriftgröße:

Diese Qualitätsvorgaben sind vor allem bei der Schriftgröße zu berücksichtigen, da bei schlechter Bildschirm- oder Fernsehauflösung nur große Schriftarten mit mindestens 12 pt eingesetzt werden dürfen, während bei perfekten Printmedien durchaus kleine Schriften mit 9 Punkten oder sogar 8 Punkten für längere Informationstexte verwendbar sind.

- ◆ Bei Darstellung am Monitor sind deshalb zahlreiche Folien mit nur jeweils wenig, dafür sehr großem Text notwendig, bei gedruckten Informationen können, wenn längere Texte erforderlich sind, auch Seiten mit komprimierten Fakten in kleiner Schriftgröße verteilt werden.

- ◆ Die wichtigen Informationen sollten jedoch immer stichpunktartig kurz und präzise auf jeweils eigenen Folien präsentiert werden.

Zur Farbwahl:

Bei gedruckter Ausgabe gilt, dass bei perfekter Druckqualität alles möglich ist (Farblaser oder Offsetdruck), jedoch auf üblichen Tintenstrahldruckern enge Grenzen gesetzt sind, da die Farben oft verlaufen und deshalb vor allem dunkle Hintergründe problematisch sind.

- ♦ Ein Trick: am meisten verläuft schwarze Schrift, daher statt schwarzer Schrift dunkle Farbtöne für den Text verwenden.

- ♦ Alle Drucker sind anders, stellen Farben etwas anders dar, haben bei manchen Farben Probleme: erstellen Sie frühzeitig Probeausdrucke.

- ♦ Bei Tintenstrahldruckern ist nur auf Folien oder beschichtetem Glossy-Papier eine optimale Ausgabe möglich.
  - ✎ Bei Tintenstrahldruckern ist die Qualitätseinstellung für optimale Ausdrucke wichtig, die richtige Papiersorte und die gewünschte Qualität muss vorgegeben werden (Datei/Drucken, dann „Eigenschaften" bei dem Drucker wählen).

2.2 Zur Gestaltung

Bei der Gestaltung gilt die erste Vorüberlegung dem Ausgabemedium, die zweite, für welche Kunden das Projekt gedacht ist. Denn damit Ihre Präsentation ankommt, muss diese dem Geschmack des Kunden angepasst sein. Das lässt sich an Beispielen am besten veranschaulichen.

- ♦ Bei einer privaten Geburtstagseinladung für Kinder kann das Design nicht bunt genug sein und am besten ist jeder Buchstabe in einer anderen Schriftgröße, -art und -farbe eingestellt, ebenso bei einer Internetseite für junge Leute.

- ♦ Bei einer Firmenpräsentation sowie bei fast allen anderen Einsatzzwecken ist ein seriöseres, ästhetisches Design vorzuziehen. Dabei sollten zu viele Farben, zu viele verschiedene Schriftarten oder andere Spezialeffekte vermieden werden.
  - ✎ Beachten Sie professionelle Werbeanzeigen. In der Regel wird eine Grundfarbe verwendet, die zu dem Produkt passt, z.B. zu Kaffee Gold, Braun oder Königsblau, nicht jedoch Gelb oder Lila.
  - ✎ Viele Firmen verwenden eine Grundfarbe und einheitliche Firmenlogos um den Eindruck der „corporate identity" zu erreichen.

- ♦ Damit solche Farben immer gleich aussehen, egal ob auf den gedruckten Visitenkarten, dem Briefpapier oder Werbeflugblättern, werden Farben aus genormten Farbpaletten, z.B. Pantone, verwendet.
  - ✎ Jede Druckerei besitzt Kataloge, auf denen diese genormten Farben abgedruckt sind, so dass die Farbe identisch zusammengemischt werden kann.

- ♦ Auch bei der Schrift sollte darum durchgehend nur eine Schrift für den Text, ggf. eine kräftigere Schrift für die Überschriften verwendet werden.
  - ✎ Bei der Bildschirmpräsentation kräftigere Schriften verwenden, diese sind am Bildschirm oder bei Folienpräsentationen besser lesbar.

Lindemann Group © Dipl.-Ing. (FH) Peter Schießl

1. Teil

ERSTE PRÄSENTATIONEN

Präsentation beginnen und speichern, Texteingabe, Ansicht wählen

3. Der PowerPoint-Aufbau

➢ Mit Start/PowerPoint dieses starten (Start = links unten das Windows Symbol). Sie können nun

↳ eine „Leere Präsentation" beginnen oder mit einer Vorlage starten,

↳ weitere Vorlagen werden angezeigt, wenn Sie oben einen Suchbegriff eintragen, z.B. „Präsentationen"

↳ oder links eine bereits von Ihnen erstellte Präsentation öffnen mit „Weitere Präsentationen öffnen".

➢ Beginnen Sie eine neue Präsentation mit einer Vorlage, indem Sie eine Vorlage anklicken.

Das ging doch schnell und einfach! Jetzt können wir uns den PowerPoint-Aufbau näher ansehen.

3.1 Das Symbolband

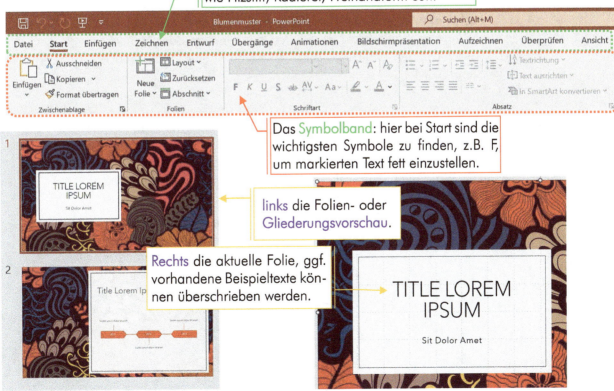

Die Befehle sind in entsprechende Karteikarten einsortiert, z.B. bei Zeichnen finden Sie Befehle wie Filzstift, Radierer, Freihandform usw.

Das Symbolband: hier bei Start sind die wichtigsten Symbole zu finden, z.B. F, um markierten Text fett einzustellen.

links die Folien- oder Gliederungsvorschau.

Rechts die aktuelle Folie, ggf. vorhandene Beispieltexte können überschrieben werden.

3.2 Die Statusleiste und Zoom

Am unteren Fensterrand finden Sie die Statusleiste:

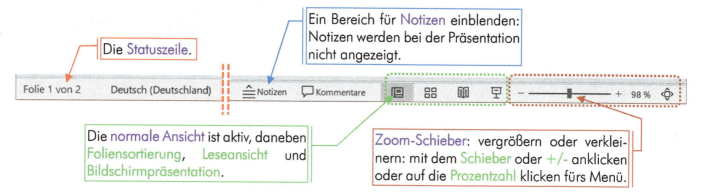

Ein Bereich für Notizen einblenden: Notizen werden bei der Präsentation nicht angezeigt.

Die Statuszeile.

Die normale Ansicht ist aktiv, daneben Foliensortierung, Leseansicht und Bildschirmpräsentation.

Zoom-Schieber: vergrößern oder verkleinern: mit dem Schieber oder +/- anklicken oder auf die Prozentzahl klicken fürs Menü.

3.3 Wichtige Elemente von PowerPoint

- ◆ Ganz oben ist der Programmbalken. Hier ist neben Microsoft PowerPoint der Name der aktuellen Präsentation eingeblendet.
  - ↬ Steht dort Präsentation 1 (2, 3 …) – PowerPoint, so wurde die Präsentation noch nie gespeichert! Schnellstens speichern!

- ◆ Dann folgt die Menüleiste mit den Befehlen.
  - ↬ Drücken Sie z.B. auf Einfügen. Dort können Sie Bilder, Fotos, Kommentare, Textfelder, Kopfzeilen u.v.m. einfügen.
  - ↬ Gehen Sie die anderen Karteikarten durch: Datei – Start …

- ◆ Darunter das Symbolband für häufig verwendete Befehle.
  - ↬ Symbole sind Abkürzungen für häufig verwendete Befehle.
  - ↬ Je nachdem, wie groß das PowerPoint-Fenster ist und wie hoch die Auflösung Ihres Bildschirms ist, werden nur Symbole oder Symbole mit Beschriftungen angezeigt, die Darstellung variiert also je nach Fenstergröße.

3.4 Zu allen Befehlen

Nicht alle Symbole haben Platz, daher werden nur die wichtigsten angezeigt. Zum kompletten Menü mit allen Befehlen kommen Sie folgendermaßen, hier am Beispiel der Schrifteinstellungen bei Start:

Klicken Sie, falls vorhanden, auf diesen kleinen Erweiterungspfeil, und das komplette Befehlsmenü mit allen Einstellmöglichkeiten wird geöffnet. Beachten Sie, dass es bei einigen Menüs noch mehrere Karteikarten gibt.

Das ist bei allen Symbolgruppen so, falls kein Erweiterungspfeil vorhanden ist, gibt es keine weiteren Befehle in dieser Gruppe.

2. Teil

TEXT UND TEXTFELD

Text eingeben und formatieren, Folienlayout und -design, Textfelder setzen, verschieben, löschen

4. Text und Textfeld

Jetzt wird die Präsentation angepasst. Wir werden Text überschreiben, Seiten ergänzen oder löschen sowie verschiedene Darstellungsarten ausprobieren.

> ➢ Schließen Sie die probeweise geöffneten Folien, ohne zu speichern, und wählen noch einmal neu eine Vorlage mit nur einer Folie, z.B. die grüne Vorlage „Madison".

> ➢ Überschreiben Sie den Beispieltext z.B. mit „Computer-Führerschein".

> ➢ Wählen Sie bei Start „Neue Folie", dann in dem Abrollmenü „Leer".

Bei der leeren Folie kann noch kein Text eingetragen werden. Hierfür muss ein Textfeld eingefügt werden:

> ➢ Wählen Sie Einfügen/Textfeld und ziehen Sie mit gedrückter Maustaste ein Textfeld fast so groß wie die Seite.

> ➢ Tragen Sie den Text wie abgebildet im oberen Textrahmen ein, am Zeilenende immer mit Return einen neuen Absatz einleiten.

> ➢ Abschließend im zweiten Textrahmen „Das muss gefeiert werden!!!" ergänzen und beide Textrahmen passend anordnen.

> ➢ Formatieren Sie ähnlich wie abgebildet, indem Sie z.B. die Überschrift markieren und dann bei Start eine passende Schriftart, -farbe und -größe einstellen.

4.1 Tipps zum Markieren

Der Computer muss wissen, welches Wort oder welchen Satz wir ändern wollen. Darum muss die zu ändernde Textstelle zuerst markiert werden. Erst dann kann die Schrifteinstellung variiert werden.

- ♦ Ein Wort durch Doppelklicken mit der Maus.

- ♦ Ein ganzer Absatz durch dreimal schnell klicken.

Markieren

- ♦ Längere Abschnitte mit gedrückter [Umschalt]–Taste, dann [Richtungs]- oder [Bild]-Taste betätigen.

  ↳ [Umschalt]-Taste erst loslassen, sobald die Markierung passt!

  ↳ Sie können die [Richtungs]- oder [Bild]-Taste in die andere Richtung wählen, um die Markierung zu reduzieren.

- ♦ Längere Abschnitte mit der Maus: mit gedrückter linker Maustaste über zu markierende Stelle ziehen.

4.2 Neue Zeile, neuer Absatz, Absatz ändern

Beachten Sie den wichtigen Unterschied:

- ♦ Mit [Return] beginnen Sie einen neuen Absatz.

  ↳ Die Einstellungen werden von dem vorigen Absatz übernommen, z.B. das Aufzählungszeichen oder die Schrifteinstellungen der Überschrift.

- ♦ Mit [Umschalt]-[Return] leiten Sie eine neue Zeile in dem gleichen Absatz ein, so dass die Absatzeinstellungen nicht geändert werden.

4.3 Seite ergänzen

Da wir nun eine schöne, übersichtliche Präsentation haben, können wir üben, eine neue Seite (=Folie, Dia) einzubauen.

> Trick: kopieren Sie den eben erstellten Rahmen, dann können Sie diesen auf den neuen Folien jeweils einfügen und nur den Text überschreiben, damit sind die identischen Schrift- und Absatzeinstellungen übernommen.

- ➢ Den ganzen Textrahmen markieren, kopieren, neue Folie mit
  - ↳ Start/Neue Folie
  - ↳ oder Einfügen/Neue Folie
  - ↳ oder der Tastaturabkürzung [Strg]–M
  - ↳ oder im Gliederungsbereich rechte Maustaste/Neue Folie.

[Strg]–M

- ➢ Auf der neuen Folie können Sie jetzt den zuvor kopierten Textrahmen einfügen, damit haben wir alle Schrifteinstellungen übernommen und brauchen nur den Text wie gewünscht zu überschreiben.

- ➢ Ergänzen Sie weitere Folien, die Textrahmen dorthin kopieren und z.B. wie folgt überschreiben:

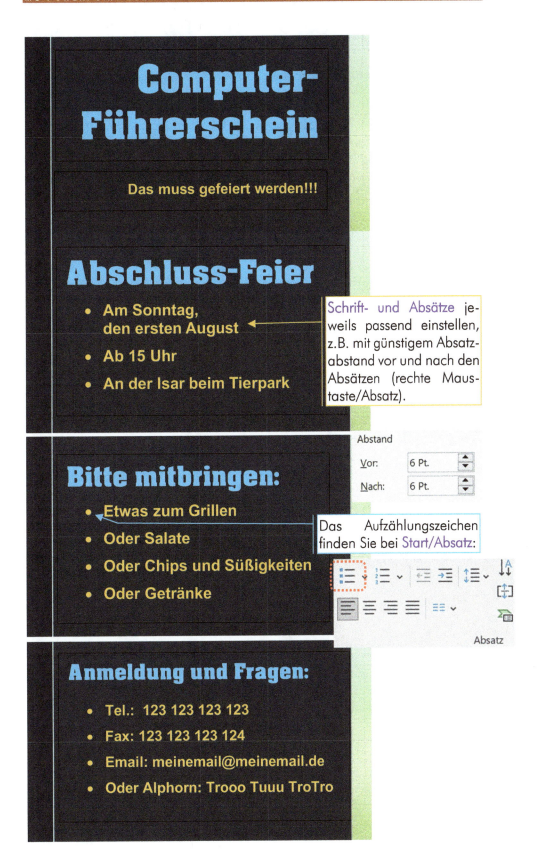

Computer-Führerschein

Das muss gefeiert werden!!!

Abschluss-Feier

- **Am Sonntag,
den ersten August**
- **Ab 15 Uhr**
- **An der Isar beim Tierpark**

Schrift- und Absätze jeweils passend einstellen, z.B. mit günstigem Absatzabstand vor und nach den Absätzen (rechte Maustaste/Absatz).

Abstand

Vor:	6 Pt.
Nach:	6 Pt.

Bitte mitbringen:

- **Etwas zum Grillen**
- **Oder Salate**
- **Oder Chips und Süßigkeiten**
- **Oder Getränke**

Das Aufzählungszeichen finden Sie bei Start/Absatz:

Absatz

Anmeldung und Fragen:

- **Tel.: 123 123 123 123**
- **Fax: 123 123 123 124**
- **Email: meinemail@meinemail.de**
- **Oder Alphorn: Trooo Tuuu TroTro**

Wenn Ihre Maus ein Rad hat, können Sie, wenn der Cursor sich im Vorschaubereich befindet, mit dem Mausrad die einzelnen Folien durchgehen.

4.4 Folienlayout

Nachträglich können Sie die Folien noch verschönern, diese drei Möglichkeiten sind besonders zu empfehlen:

- ◆ Bei Start/Schnellformatvorlage kann für einen markierten Rahmen eine neue Schnellformatvorlage (= farbige Rahmenfüllung und Schriftformatierung) gewählt werden.

- ◆ Bei Start/Layout kann ein anderes Seitenlayout gewählt werden.

- ◆ Bei Entwurf kann ein anderes Foliendesign oder eine andere Farbzusammenstellung ausgewählt werden.

- ➢ Wählen Sie bei der letzten Folie eine Schnellformatvorlage und probieren Sie verschiedene Layouts:

4.5 Textfeld einstellen

Bei der vorigen Übung ist zu bemerken, dass Text in einem Textrahmen (=Textfeld) angeordnet ist. Dadurch kann der Text einfach und beliebig mitsamt diesem Rahmen verschoben werden.

Sobald Sie den Text im Vorschaubereich anklicken, wird der Rahmen sichtbar und die Anfasserpunkte des Rahmens erscheinen. Es gilt:

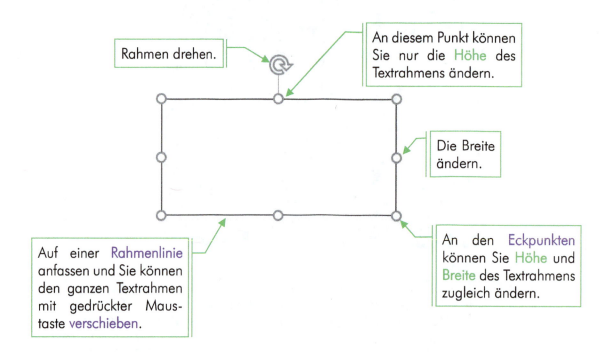

5. Präsentation speichern

Wir wollen die neue Präsentation sofort speichern. Zum einen stellt sich dabei die Frage, wohin wir speichern, zum anderen ist dies eine gute Gelegenheit, um die verschiedenen Alternativen darzustellen, Aktionen auszuführen.

5.1 Präsentation speichern

Es gibt zahlreiche Wege, um bestimmte Funktionen (Befehle) auszuführen. Üblich sind folgende Standards:

♦ Alle Befehle sind in dem Befehlsmenü unter passende Schlagwörter einsortiert: Datei / Start / Einfügen usw.

    ✎ Hier können Sie einen Menüpunkt mit der Maus anklicken, z.B. bei Datei finden Sie sowohl Speichern als auch Speichern unter oder

[Strg]–S   ✎ mit einer Tastaturabkürzung, falls definiert, z.B. [Strg]–S für Speichern.

Speichern finden Sie auch noch hier oben links als Symbol, dies soll übrigens eine Diskette sein, was heute nicht mehr selbstverständlich bekannt ist.

➢ Speichern Sie mit obigem Symbol.

Wir wollen alle unsere Übungs-Präsentationen in einen eigenen Ordner speichern, damit wir diese jederzeit leicht wiederfinden und regelmäßig sichern können. Diesen Ordner können wir beim Speichern der ersten Übung erstellen.

➢ Wählen Sie Speichern, dann „Weitere Optionen" und „Durchsuchen", so werden die Ordner Ihrer Laufwerke angezeigt.

➢ Klicken Sie den Ordner „Dokumente" an, dann können wir hier einen neuen Ordner erstellen.

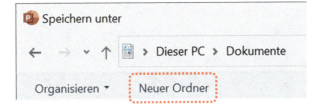

➢ Der neue Ordner ist bereits zum Umbenennen geöffnet, so dass Sie den Namen „Übungen PowerPoint 2021" direkt schreiben und mit Return abschließen können.

↳ Wenn dies geklappt hat, ist der neu erstellte Ordner noch mit Doppelklicken oder Return zu öffnen,

↳ falls die Namensgebung nicht geklappt hatte, rechte Maustaste auf dem neuen Ordner und „Umbenennen", danach wieder zweimal Return zum Bestätigen und Öffnen.

↳ bei Windows 11 ist zuerst noch "Weitere Optionen anzeigen" zu wählen, um das vollständige Abrollmenü inklusive des Befehles "Umbenennen" zu öffnen.

➢ Nun ist noch der Dateiname für die Präsentation anzugeben, hier schlägt PowerPoint die Überschrift vor, die wir beibehalten können:

Nach „Speichern" wird die Präsentation als Datei mit dem Namen „Computerführerschein" in dem neu erstellten Ordner gespeichert.

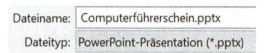

| Dateiname: | Computerführerschein.pptx |
| Dateityp: | PowerPoint-Präsentation (*.pptx) |

5.2 Dateien öffnen

Wenn Sie Ihre Dateien neu öffnen wollen, gibt es einige praktische Methoden:

♦ Im Menü Datei werden die zuletzt bearbeiteten Dateien angezeigt.
↳ Hier können Sie mit „Weitere Präsentationen", dann „Durchsuchen" auch andere Präsentationen von Ihrer Festplatte oder anderen Laufwerken, etwa USB-Sticks, öffnen.

➢ Schließen Sie die Präsentation mit Datei/Schließen und öffnen Sie diese erneut.

5.3 Programm beenden, Fenstergröße ändern

➢ Beginnen Sie eine weitere Präsentation mit einer Vorlage.
↳ Diese wird in einem eigenen Fenster geöffnet.

➢ Mit [Alt]-[Tabulator] kann zwischen den Fenstern gewechselt werden. [Alt] gedruckt halten, mit [Tab] das gewünschte Fenster wählen.

↳ Auch unten in der Startleiste können Sie das aktive Fenster wechseln, indem Sie den Eintrag für das gewünschte Fenster anklicken.

➢ Oben rechts finden Sie diese Symbole:

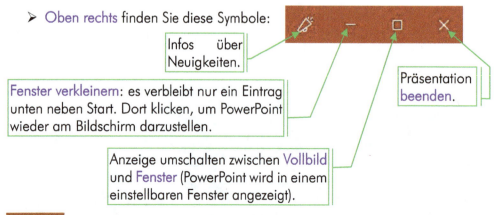

Infos über Neuigkeiten.

Präsentation beenden.

Fenster verkleinern: es verbleibt nur ein Eintrag unten neben Start. Dort klicken, um PowerPoint wieder am Bildschirm darzustellen.

Anzeige umschalten zwischen Vollbild und Fenster (PowerPoint wird in einem einstellbaren Fenster angezeigt).

6. Ansicht einstellen

In jeder Ansicht ist es praktisch, die Größe der Anzeige passend einzustellen: für Arbeiten am Text eine große Darstellung, um keine Fehler zu übersehen, vor dem Druck eine verkleinerte Ansicht, um die ganze Seite am Bildschirm zu kontrollieren.

Mit Ansicht/Zoom finden Sie das Zoom-Menü:

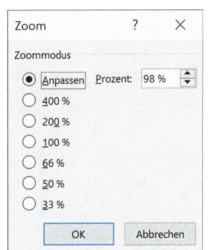

- ♦ Sie können die Bereichsgrenzen z.B. zwischen Gliederungs- und Vorschaubereich mit der Maus verändern:

  ♨ Maus über die Bereichsgrenze bewegen, wenn der Mauspfeil zu einem Doppelpfeil wechselt, mit gedrückter Maustaste verschieben.

- ♦ Die obigen Zoom-Schaltflächen gelten immer für den gerade aktiven Bereich.

  ♨ Somit können Sie auch die Größe der Folienvorschau links hiermit einstellen.

- ♦ Im Vorschaubereich können Sie mit Anpassen die Größe optimal an die Fenstergröße anpassen.

Schneller geht es mit der Schaltfläche unten rechts in der Startleiste:

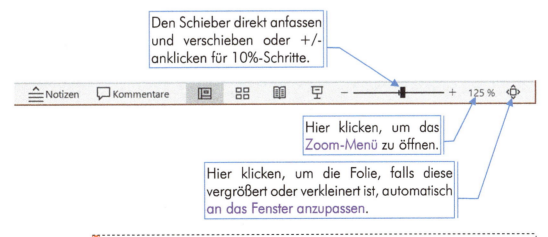

Den Schieber direkt anfassen und verschieben oder +/- anklicken für 10%-Schritte.

Hier klicken, um das Zoom-Menü zu öffnen.

Hier klicken, um die Folie, falls diese vergrößert oder verkleinert ist, automatisch an das Fenster anzupassen.

Praktisch: bei Mäusen mit Rad können Sie bei gedrückter [Strg]-Taste auch mit dem Mausrad die Ansicht vergrößern oder verkleinern.

6.1 Die Ansicht wechseln

♦ Bisher haben wir in der Normalansicht gearbeitet:

  ↳ links die Gliederungsansicht mit Übersichtsfolien und

  ↳ rechts das Vorschaufenster, in dem wir die fertigen Folien sehen.

Ganz unten rechts finden Sie diese Symbole, mit denen Sie die Anzeigeart wechseln können. Entsprechende Befehle sind bei Ansicht untergebracht.

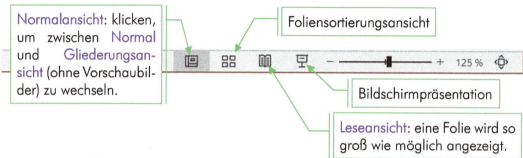

Normalansicht: klicken, um zwischen Normal und Gliederungsansicht (ohne Vorschaubilder) zu wechseln.

Foliensortierungsansicht

Bildschirmpräsentation

Leseansicht: eine Folie wird so groß wie möglich angezeigt.

Bitte alle Optionen selbst ausprobieren. Zur Erläuterung:

♦ Normalansicht: mit den Richtungstasten können Sie blättern.

♦ Alle Folien sehen Sie verkleinert bei der Foliensortierungsansicht.

  ↳ Nochmal auf das Symbol oder Symbol Normalansicht oder durch Doppelklicken auf eine Folie kommen Sie wieder zur Normalansicht, wobei dann diese Folie ausgewählt ist.

  ↳ Sie können in dieser Ansicht eine Folie an eine andere Position ziehen, um die Reihenfolge zu ändern.

♦ Leseansicht: möglichst große Darstellung der aktuellen Folie, am einfachsten geht es mit [Esc] zurück zur Normalansicht.

♦ Bei der Bildschirmpräsentation läuft die Präsentation wie am Diaprojektor ab, nur eben am Bildschirm.

  ↳ Mit Mausklick, den [Bild nach oben/unten]–Tasten oder den [Richtungstasten nach oben/unten] können Sie vor- oder zurückblättern.

  ↳ Mit [Esc] können Sie eine Präsentationsvorführung abbrechen.

6.2 Rückgängig

Text und Hintergrund einstellen geht nur mit viel Probieren optimal. Deshalb ist das Rückgängig-Symbol sehr nützlich.

♦ Mit folgendem Ratschlag kann Ihnen fast nichts mehr passieren:

  ↳ Bei jeder Aktion das Ergebnis am Bildschirm beachten. Ist nicht das Erwartete eingetreten, sofort Rückgängig wählen.

  ↳ Ursache herausfinden (falscher Befehl, nicht markiert usw.) und richtigen Befehl suchen.

Wiederherstellen (=Rückgängig rückgängig machen)

Rückgängig

Datei   Zentriert   Einfügen
        Eingabe
        Löschen
        Löschen

Mit dem „v" Liste aufklappen, um mehrere Aktionen rückgängig zu machen.

7. Text einstellen

7.1 Neue Präsentation

Wir erstellen eine neue Präsentation.

➢ Schließen Sie die vorige Übung und wählen Sie noch einmal Datei/Neu und beginnen Sie eine neue Präsentation mit einer der zahlreichen PowerPoint-Vorlagen.

↳ Diese Vorlagen sind einfach zu schön und zahlreich, um noch eine Präsentation ganz von vorne zu erstellen.

↳ Da wir ein Solarhaus vorstellen wollen, bietet sich eine Vorlage mit gelb oder Sonnenbezug an, im Folgenden wurde die Vorlage „Facette" verwendet.

↳ Sie können jedoch auch eine andere Vorlage wählen und später die Farben entsprechend anpassen.

7.2 Text anpassen

➢ Überschreiben Sie den Text durch diesen Beispieltext, am besten in zwei Textfeldern, eins für Solarhaus Sonnenschein und eins für die Adresse.

➢ Probieren Sie auf der Karteikarte Entwurf verschiedene Designs.

1 ▢ Solarhaus Sonnenschein
Solar-Sonne GmbH
Am Sonnenschein 13
99999 Sonnstadt

➢ Nun zur nächsten Folie, rechte Maustaste links in der Gliederungsansicht und „Neue Folie" oder das Symbol bei Start:

2 ▢ Projektziele

- Unterstützende Stromgewinnung durch Solaranlagen,
- minimaler Energieverbrauch durch optimale Wärmedämmung,
- gesundes Wohnklima durch atmungsaktive Ziegel,
- angenehme Atmosphäre durch weitgehenden Außenbewuchs,
- geringe zusätzliche Baukosten durch Standardelemente,
- geringe Wartungskosten durch solide Bauweise.

➤ Und nun noch eine dritte Folie:

3 ⊡ **Die Träger des Projektes**

Das Projekt wird unterstützt und getragen von

- der Solar-Sonne Beispiel GmbH,

- der Fakultät für Architektur der Universität Samplingen und

- dem Institut für Baustoffwesen in Allerorten.

Zum bequemeren Formatieren wird im nächsten Kapitel ein praktisches Werkzeug vorgestellt.

7.3 Schriftart einstellen

Die Präsentation ist wieder weitgehend voreingestellt.

➤ Schauen Sie sich die Präsentation in den verschiedenen Ansichten an und lassen Sie die Präsentation am Bildschirm ablaufen.

Die wichtigsten Einstellmöglichkeiten für Text finden Sie in der Symbolleiste. Der Text ist in Rahmen angeordnet. Bedenken Sie, dass Sie Text entweder markieren oder den Rahmen anklicken müssen, damit Sie die Einstellungen ändern können.

Die Schrifteinstellungen bei Start:

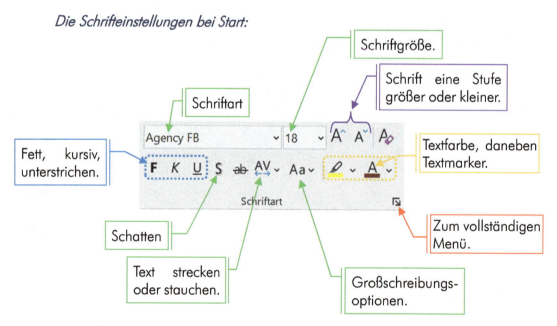

Das vollständige Menü könnte auch mit der rechten Maustaste/Schriftart geöffnet werden.

Hochgestellt können Sie z.B. für Zeitangaben wie „Samstag um 19^{30} Uhr" verwenden.

➤ Markieren Sie die Überschrift und stellen Sie mit rechter Maustaste/Texteffekte formatieren einen gelben Schatten ein.

7.4 Rahmen ändern

Wenn Sie einen Text anklicken, erscheint der Textrahmen. Diesen Textrahmen können Sie an den Anfasserpunkten in der Größe ändern oder auf einer Linie anfassen und verschieben.

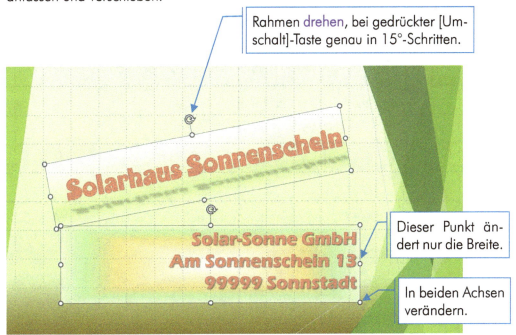

Rahmen drehen, bei gedrückter [Um-schalt]-Taste genau in 15°-Schritten.

Dieser Punkt än-dert nur die Breite.

In beiden Achsen verändern.

➤ Rechte Maustaste auf dem Rahmen, dann bei „Form formatieren" eine Farbverlaufsfüllung einstellen, ebenso rechte Maustaste auf dem Hinter-grund und bei „Hintergrund formatieren". Oder Design/Hintergrund…

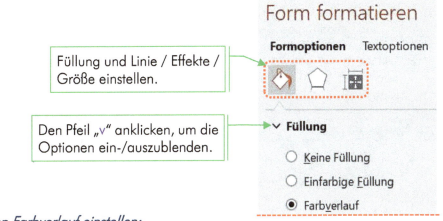

Füllung und Linie / Effekte / Größe einstellen.

Den Pfeil „∨" anklicken, um die Optionen ein-/auszublenden.

Den Farbverlauf einstellen:

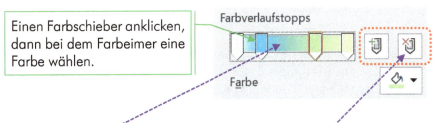

Einen Farbschieber anklicken, dann bei dem Farbeimer eine Farbe wählen.

♦ Mit Doppelklicken setzen Sie neue Farbschieber, löschen: einen Schie-ber mit gedrückter linker Maustaste aus dem Balken wegziehen oder rechts das Symbol benutzen.

Wenn Sie einen Textteil anders formatieren und anordnen wollen, bietet es sich an, einen weiteren Rahmen zu erstellen, da Text in einem eigenen Rahmen mit der Maus an jede gewünschte Position gezogen werden kann.

- ◆ Mit dem Befehl Einfügen/Textfeld können Sie mit gedrückter Maustaste auf der Folie einen weiteren Textrahmen aufmachen, dann sofort losschreiben, damit der Text eingetragen wird.

- ◆ Wenn Sie einen Rahmen aufteilen wollen, markieren Sie den Textteil, der in den neuen Rahmen soll, dann mit [Strg]-x diesen ausschneiden, einen neuen Rahmen mit Einfügen/Textrahmen aufmachen und den zuvor ausgeschnittenen Text mit [Strg]-v dort einfügen.

    ↳ [Strg]-c = kopieren,
       [Strg]-x = ausschneiden,
       [Strg]-v = einfügen.

> Wenn Sie einen Rahmen markieren und Texteinstellungen vornehmen, gelten diese für den gesamten Text innerhalb des Rahmens. Wenn Sie gezielt einzelne Wörter einstellen wollen, sind diese vorher mit gedrückter Maustaste zu markieren.

7.5 Format übertragen

Damit Sie nicht jede Überschrift markieren und einstellen müssen, gibt es ein praktisches Werkzeug: Format übertragen.

- ➢ Formatieren Sie die Überschrift „Projektziele" besonders groß:

    ↳ Große, kräftige Schrift (z.B. Arial Black mit 66pt) mit anderer Farbe und Schatten sowie unterstrichen.

- ➢ Cursor in die gerade eingestellte Überschrift, dann bei Start „Format übertragen" anklicken und die nächste Überschrift z.B. mit gedrückter Maustaste markieren.

Die Funktionsweise:

- ◆ Einmal „Format übertragen" anklicken für einmalige Anwendung

- ◆ oder Doppelklicken, um diese Funktion mehrmals auszuführen.

    ↳ Zum Abschalten noch einmal auf „Format übertragen" klicken.

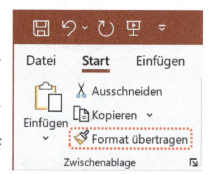

Die Methode mit dem Befehl „Format übertragen" ist genauso für einzelne Wörter geeignet. Dann die zu formatierenden Wörter mit Doppelklicken markieren oder mehrere Wörter mit gedrückter Maustaste.

- ➢ Ergänzen Sie noch eine Seite, z.B. „Zeitplan" oder „Bereits verwirklicht" mit passendem Text und identisch formatieren wie die vorigen Folien.

- ➢ Abschließend das Projekt in unseren Übungsordner speichern.

8. Absatzeinstellungen

8.1 Aufzählungszeichen wechseln

➤ Ergänzen Sie eine weitere, abschließende Folie mit diesem Text:

Anfragen an:
- ♦ **Dr. Walter Baustoff,**
  Tel.: 67 67 67 67 67,
- ♦ **Karl-Heiz Kohle,**
  Tel.: 191919191

> Zuerst mit [Strg]-[Return] eine neue Zeile, dann mit [Return] einen neuen Absatz, da vor jedem Absatz ein Aufzählungszeichen gesetzt wird.

Das Aufzählungszeichen können Sie mit dem links abgebildeten Symbol einfach ergänzen, nachdem Sie die beiden Textabsätze markiert haben. Ein anderes Aufzählungszeichen wäre jedoch schöner.

➤ Beide Absätze markieren, rechte Maustaste darauf drücken und bei Aufzählungszeichen im Abrollmenü (Pfeil anklicken) weiter zu „Nummerierung und Aufzählungszeichen":

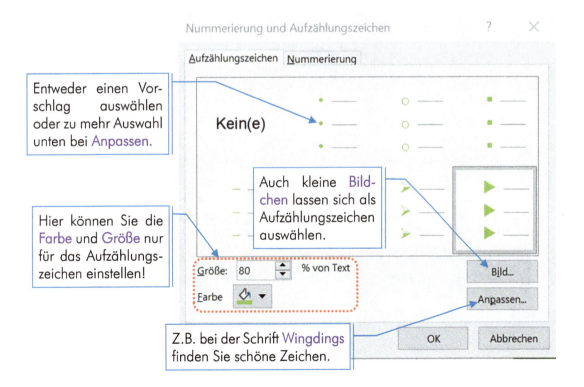

8.1.1 Aufzählungszeichen einstellen

Mit den beiden Schaltflächen Bild und Anpassen kann einiges bewirkt werden.

♦ Bei Anpassen können Sie andere Schriftsymbole wählen, von denen es sehr schöne z.B. bei den Schriftarten Wingdings und Webdings gibt.

    ✎ Solche Schriften enthalten anstelle von Buchstaben nur kleine Bildchen.

    ✎ Bei vielen Programmen sind weitere solche Sonderschriften enthalten, so dass Sie die auf Ihrem Rechner installierten Schriften einmal durchblättern und sich einen Überblick verschaffen sollten.

♦ Mit der Schaltfläche Bild können Sie kleine, farbige Bilder als Aufzählungszeichen verwenden, wobei Sie folgende Optionen haben:

    ✎ „Aus Datei" = Fotos von Ihrem Rechner suchen und verwenden,

    ✎ „Archivbilder": eine PowerPoint-Sammlung von Fotos und Piktogrammen, die sehr viel Auswahl bietet, es wird dabei das gleiche Menü wie bei dem letzten Punkt „Aus Piktogrammen" geöffnet.

    ✎ „Onlinebilder" = Fotogalerien aus dem Internet mit der Microsoft Suchmaschine Bing oder

    ✎ „Aus Piktogrammen" = dem PowerPoint beigegebene Symbolbildchen können als Aufzählungszeichen verwendet werden.

„Archivbilder" und „Aus Piktogrammen" öffnet das gleiche Menü, in dem noch einige interessante Möglichkeiten gut versteckt sind:

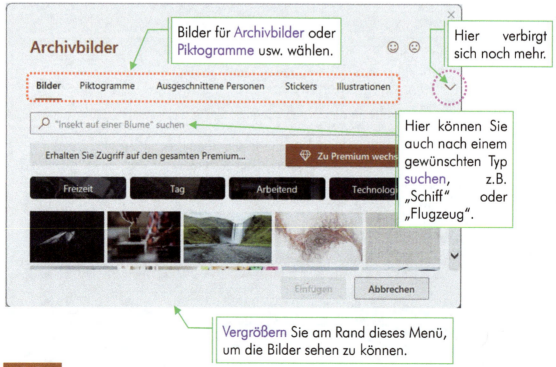

Das entschlüsselte Menü:

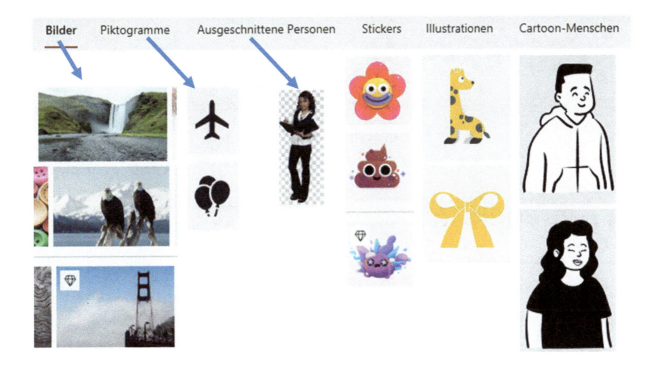

> Beachten Sie unbedingt die leider etwas unscheinbare Bildlaufleiste oder noch besser, vergrößern Sie das Fenster an dessen Rändern.

Wenn Sie eigene Bilder importieren wollen, ist es hilfreich, wenn diese Bilder sich in einem leicht zu findenden Ordner befinden, z.B. „Bilder".

8.2 Einzug ändern

Den ganzen Absatz können Sie, wie auf Seite 20 beschrieben, verschieben oder einrücken, indem Sie den Textrahmen verschieben. Wenn Absätze ganz unterschiedlich eingestellt werden sollen, ist es am günstigsten, diese in verschiedene Textfelder zu setzen.

Wenn Sie ein breites Aufzählungszeichen oder ein Bildchen eingefügt haben, kann es vorkommen, dass die Einrückung zu gering ist. Dann kann der Absatz im Lineal passend eingestellt werden.

➤ Falls das Lineal nicht aktiviert ist, mit Ansicht/Lineal einschalten.

| ☑ Lineal |
| ☑ Gitternetzlinien |
| ☑ Führungslinien |

➤ Vergrößern Sie die Darstellung.

Jetzt können Sie mit den Schiebern im Lineal den Absatzeinzug ändern:

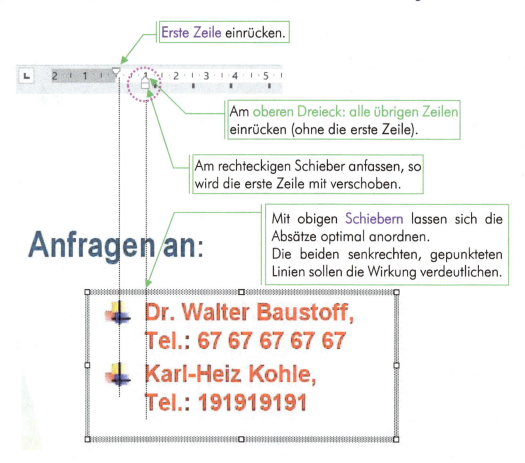

Erste Zeile einrücken.

Am oberen Dreieck: alle übrigen Zeilen einrücken (ohne die erste Zeile).

Am rechteckigen Schieber anfassen, so wird die erste Zeile mit verschoben.

Mit obigen Schiebern lassen sich die Absätze optimal anordnen.
Die beiden senkrechten, gepunkteten Linien sollen die Wirkung verdeutlichen.

Anfragen an:

Dr. Walter Baustoff, Tel.: 67 67 67 67 67

Karl-Heiz Kohle, Tel.: 191919191

♦ Jede Änderung gilt nur für den aktuellen Textrahmen inklusive aller enthaltener Absätze!

✋ Wollen Sie Absätze in einem Textfeld unterschiedlich einstellen, sollten Sie verschiedene Gliederungsebenen (Listenebenen) zuweisen.

Notizen: ....

....

....

....

....

....

....

....

....

....

....

....

8.3 Absatzabstand variieren

Zu dem Menü, um den Absatz- und Zeilenabstand zu vergrößern oder zu verkleinern, kommen Sie folgendermaßen: rechte Maustaste auf dem Absatz, dann Absatz..., wobei Sie auch gleich mehrere Absätze markieren können, um diese zusammen einzustellen:

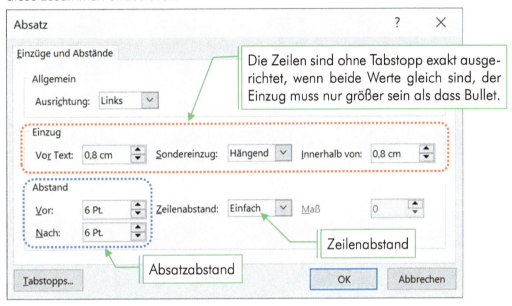

Zum Absatzabstand, Einzug und Sondereinzug:

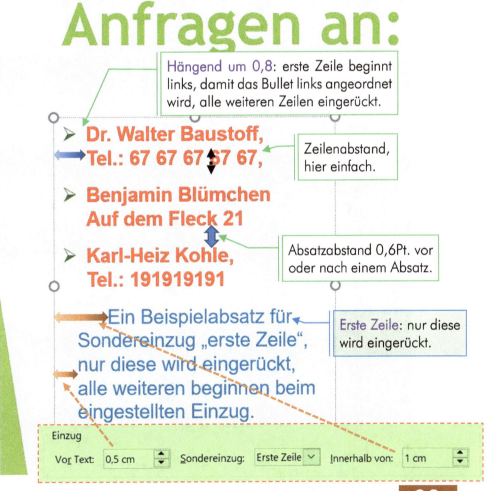

9. Tabulatoren

Mit Tabulatoren können wir Text in verschiedenen Absätzen untereinander ausrichten. Das würde sich für unsere Telefonnummern anbieten, wenn die Liste länger wäre.

Zunächst üben wir, eine Seite als Vorlage zu kopieren:

➢ Links in der Gliederungsansicht die ganze letzte Seite durch Drücken auf das Seitensymbol (4 oder Vorschau) markieren,

➢ dann kopieren und mit Einfügen eine neue Seite erzeugen:

> In der Praxis können Sie auf diese Art auch die voreingestellten Absätze und Grafiken übernehmen und nur die Texte überschreiben.

Jetzt haben wir die Seite doppelt, so dass wir mit den Tabulatoren üben können, nach der Übung löschen Sie eine Seite, so dass die schönere Version übrigbleibt.

➢ Löschen Sie den Zeilenwechsel, damit sowohl Name als auch Telefonnummer in einer Zeile angeordnet werden.

➢ Löschen Sie, falls vorhanden, den blauen Beispielabsatz und ergänzen Sie stattdessen drei weitere Beispieladressen.

Anfragen an:
* Dr. Walter Baustoff, Tel.: 67 67 67 67 67,
* Benjamin Blümchen, Tel. 099/999 999 999,
* Karl-Heiz Kohle, Tel.: 191919191
* Anton Stahl, Tel.: 234 2345
* Egon Son Den Schein, Tel.: 7754332
* Urs Hell, Tel.: 33 22 566

➢ Alle Absätze markieren (anklicken + [Strg]-a), mit [Strg]-Leertaste alle Einstellungen zurücksetzen,

➢ dann rechte Maustaste auf der Markierung, dann Schriftart wählen und gleiche Farbe und eine etwas kleinere Schrift einstellen.

9.1 Über Tabulatoren

Wir üben jetzt den Umgang mit den Tabulatoren.

Zu einem Tabulator gehören zwei Schritte:

♦ Im Text ist in jeder Zeile ein Tabulator vor „Tel.:" mit der Tabulator-Taste zu setzen,

♦ im Lineal kann anschließend die Position für diesen Tabulator angegeben werden.

Natürlich können auch mehrere Tabulatoren eingebaut werden.

9.2 Tabulatoren setzen

Jetzt können wir im Lineal einen Tabulator setzen:

➢ Mit Ansicht/Lineal dieses einblenden, falls das Lineal nicht sichtbar ist.

➢ Setzen Sie vor jedem „Tel.:" mit der Tabulator-Taste einen Tabulator, dafür das Komma hinter jedem Namen löschen.

Zunächst ein wichtiger Hinweis zu den Tabulatoren:

> alle Absätze müssen markiert sein, damit der Tabulator für alle Absätze eingestellt wird.

➢ Nachdem markiert, im Lineal den Tabulator setzen und anordnen.

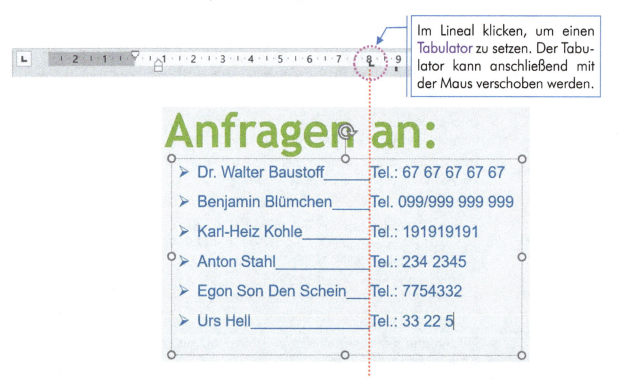

Im Lineal klicken, um einen Tabulator zu setzen. Der Tabulator kann anschließend mit der Maus verschoben werden.

Wenn Sie vor „Tel.:" einen Tabulator gesetzt haben, werden alle „Tel.:" an dem Tabulator ausgerichtet.

Wie bekommen wir das Füllzeichen?

Leider lassen sich im PowerPoint keine Füllzeichen (die Unterstreichung) wie im MS Word einstellen.

♦ Wir können jedoch die Leertaste löschen, dann mit gedrückter [Umschalt]-Taste und einmal Richtungstaste nach rechts den Tabulator markieren und einfach unterstreichen.

Diese Änderungen wären bei einer echten Liste, die meistens deutlich umfangreicher sind, von Hand sehr arbeitsintensiv. Im MS Word könnten wir mit „Suchen und Ersetzen" das Komma + Leertaste + Tabulator suchen und durch einen Tabulator ersetzen lassen, leider bietet die Ersetzen-Funktion im PowerPoint nicht diese Funktionalität, da PowerPoint-Seiten meist nur kurz sind.

> Kein Problem, für kurze Texte: den ersten Tabulator unterstrichen einstellen, markieren und kopieren und bei den folgenden richtig formatiert manuell einfügen, für längere Texte: den Text kopieren, im Word einfügen, dort die Änderungen mit „Ersetzen" durchführen und wieder zurück zum PowerPoint kopieren.

Weiteres zu den Tabulatoren:

♦ Durch Drücken des Symbols ganz links im Lineal können Sie zwischen verschiedenen Tabulatoren wechseln:
linksbündig, zentriert, rechtsbündig, dezimal.

⤷ linksbündig: der Text ist links untereinander angeordnet,

⤷ zentriert: der Text ist auf die Textmitte ausgerichtet,

⤷ rechtsbündig: der Text ist rechts ausgerichtet,

⤷ dezimal: für Zahlen, Preisangaben usw., weil das Komma immer untereinandersteht.

Dezimal-Tabulatoren sind für Preisangaben gut, da das Komma untereinander ausgerichtet wird.

♦ Tabulatoren können Sie löschen, indem Sie diese mit gedrückter Maustaste aus dem Lineal wegziehen, dann Maustaste loslassen.

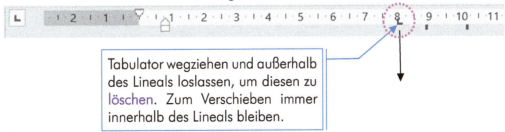

Tabulator wegziehen und außerhalb des Lineals loslassen, um diesen zu löschen. Zum Verschieben immer innerhalb des Lineals bleiben.

➤ Löschen Sie die zuvor kopierte Seite, nun Seite 4: Vorschaubild (oder 4) anklicken und [Entf] drücken.

10. Seite einrichten, Drucken

➢ Wählen Sie Entwurf/Foliengröße/Benutzerdefinierte Foliengröße.

Foliengröße
⌄

> Hier können Sie diverse Voreinstellungen für die Seitengröße auswählen, z.B. Bildschirmpräsentation (16:9) oder DIN A4 oder darunter gewünschte Maße manuell eintragen.

Foliengröße

Papierformat:
Breitbild ⌄

Breite:
33,867 cm

Höhe:
19,05 cm

Nummerierung beginnt bei:
1

Ausrichtung

Folien
○ Hochformat
● Querformat

Notizen, Handzettel und Gliederung
● Hochformat
○ Querformat

OK   Abbrechen

Hinweise zu dem Seitenformat:

♦ PowerPoint erledigt viel automatisch. Wenn Sie z.B. ein anderes Format wählen, passt PowerPoint die Schriftgröße automatisch an, so dass die Folie insgesamt weitgehend unverändert bleibt.

  ↳ Probieren Sie dies aus, indem Sie ein kleines Seitenformat einstellen, z.B. 8x5cm, und die Schriftgröße vorher und nachher vergleichen.

  ↳ Aus diesem Grund sind die Einstellungen für das Seitenformat in PowerPoint unerheblich, außer die Präsentation soll ausgedruckt werden.

  ↳ Die Bildschirmpräsentation ist z.B. für einen 15-Zoll-Monitor eingerichtet, wird aber auf jedem Bildschirm entsprechend auf Vollbild vergrößert.

♦ Wenn Sie auf DIN A4 wechseln, ist 27,52 x 19,05 cm voreingestellt. Die fehlenden Zentimeter auf 29,7x21 cm können Sie als Seitenrand betrachten. Beim Ausdruck wird die Folie entsprechend angepasst.

Es bietet sich an, gleich das Drucken zu versuchen, damit Sie sehen, dass auch hier die Voreinstellungen für das Seitenformat unkritisch sind.

10.1 Drucken

Wie in fast jedem Programm, können Sie mit dem Befehl Datei/Drucken oder dem Shortcut [Strg]–P das Druckmenü öffnen.

In dem erscheinenden Druckmenü können Sie genau angeben, was und wie gedruckt werden soll.

♦ Oben bei Drucker kommen Sie mit der Schaltfläche „Eigenschaften" in das Menü Ihres Druckers.

  ↳ Diese Menüs sind je nach Drucker verschieden.

  ↳ Bei Tintenstrahldruckern ist es ganz wichtig, hier die verwendete Papiersorte und die gewünschte Druckqualität auszuwählen.

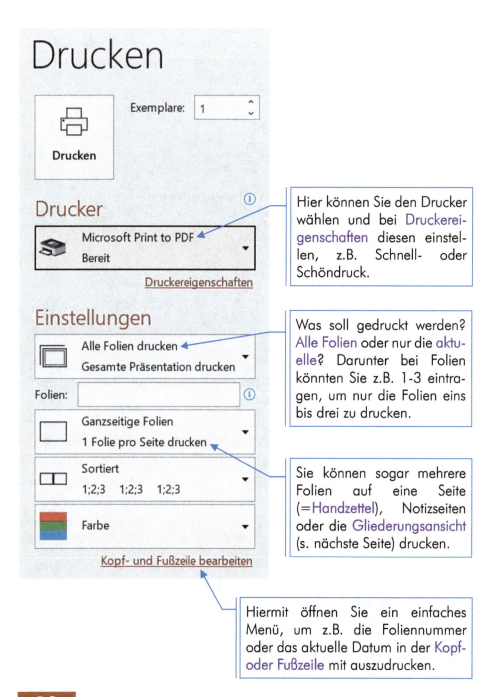

Hier können Sie den Drucker wählen und bei Druckereigenschaften diesen einstellen, z.B. Schnell- oder Schöndruck.

Was soll gedruckt werden? Alle Folien oder nur die aktuelle? Darunter bei Folien könnten Sie z.B. 1-3 eintragen, um nur die Folien eins bis drei zu drucken.

Sie können sogar mehrere Folien auf eine Seite (=Handzettel), Notizseiten oder die Gliederungsansicht (s. nächste Seite) drucken.

Hiermit öffnen Sie ein einfaches Menü, um z.B. die Foliennummer oder das aktuelle Datum in der Kopf- oder Fußzeile mit auszudrucken.

10.2 Folien oder Handzettel

Wenn Sie bei „Ganzseitige Folien" klicken, finden Sie diese Optionen:

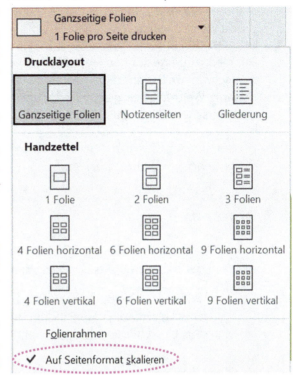

♦ Mit „Ganzseitige Folien" drucken Sie die Folien wie eingestellt mit Hintergrund und Schriftformatierungen aus.

♦ Mit Handzettel können Sie mehrere Folien automatisch verkleinert auf ein oder mehrere Blätter ausdrucken. Das ist gut für Übersichten.

  ✎ Nur bei Handzettel können Sie angeben, wie viele Folien auf ein DIN A4-Blatt eingepasst werden sollen.

Mit „Auf Seitenformat skalieren" können Sie so groß wie möglich ausdrucken, passend zur aktuell gewählten Einstellung.

♦ Mit Notizseiten werden die Folien verkleinert statt Papierfüllend ausgedruckt und können so als Notizen für den Vortragenden verwendet werden.

  ✎ Probieren Sie Notizseiten mit je 6-Folien je Blatt und drucken Sie dieses.

♦ Bei der Auswahl „Gliederung" wird der Text wie im linken Gliederungsfenster ausgedruckt:

1 ☐ **Solarhaus Sonnenschein**
   Solar-Sonne GmbH
   Am Sonnenschein 13
   99999 Sonnstadt

2 ☐ **Solarhaus Sonnenschein**
   ▶ Projektziele
   ▪ Unterstützende Stromgewinnun
   ▪ minimaler Energieverbrauch du
   ▪ gesundes Wohnklima durch atn
   ▪ angenehme Atmosphäre durch
   ▪ geringe zusätzliche Baukosten c
   ▪ geringe Wartungskosten durch

3 ☐ **Solarhaus Sonnenschein**
   ▶ Die Träger des Projektes

10.3 Die Vorschau

Ganz praktisch und sehr zu empfehlen ist die Druckvorschau, die Sie im Druckmenü rechts sehen. In der Druckvorschau sehen Sie genau, was und wie gedruckt werden würde.

Auf diese Anzeige können Sie sich auch verlassen, so dass Sie z.B., wenn alles
nur schwarzweiß angezeigt würde, davon ausgehen können, dass nur ein
Schwarz-Weiß-Drucker gewählt oder bei der Schaltfläche von Farbe auf Grau-
stufe versehentlich umgeschaltet wurde.

Darum, wenn in der Vorschau etwas nicht optimal ist, lieber zuerst auf Fehler-
suche gehen, anstatt zu drucken.

10.3.1 Druckmenü

Wenn Sie gedruckt haben, erscheint unten
rechts in der Start-Leiste das Druckersymbol:

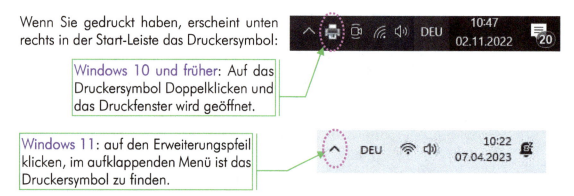

Windows 10 und früher: Auf das
Druckersymbol Doppelklicken und
das Druckfenster wird geöffnet.

Windows 11: auf den Erweiterungspfeil
klicken, im aufklappenden Menü ist das
Druckersymbol zu finden.

- ♦ In dem Druckmenü können Sie Druckaufträge markieren und dann löschen oder anhalten.
- ♦ Dieses Drucksymbol verschwindet selbständig, sobald der Druck vollständig zum Drucker weitergeleitet wurde.

10.4 Die Bildschirmpräsentation einrichten

➤ Sobald Sie unten rechts auf die Schaltfläche „Bildschirmpräsentation"
  drücken, startet die Präsentation.

Vorher sollten wir uns die Voreinstellungen für die Bildschirmpräsentation ansehen.

➤ Das Einstellmenü können Sie jederzeit im Menü Bildschirmpräsentation
  mit dem Befehl „Bildschirmpräsentation einrichten" öffnen.

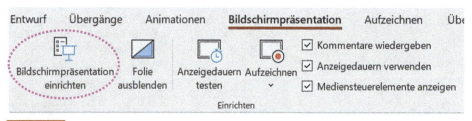

Ein einfaches und selbsterklärendes Menü startet:

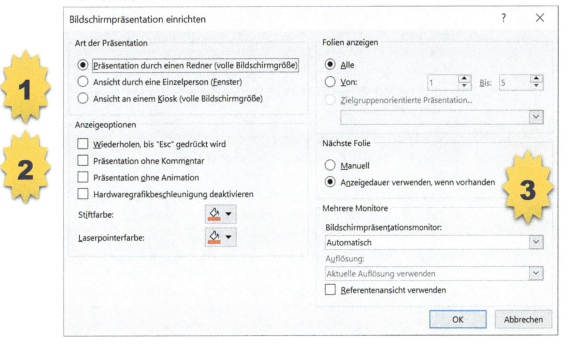

Zu den Einstellungen:

♦ Sie können die Präsentationsart vorgeben, etwa volle Bildschirmgröße, wenn es sich um eine echte Vorführung handelt,

↳ was auch für eine Präsentation über Beamer oder Fernseher zu empfehlen ist,

♦ eine gewünschte automatische Wiederholung,

↳ wenn Sie „Ansicht an einem Kiosk" wählen, ist dies voreingestellt, damit die Präsentation z.B. über Nacht im Schaufenster abläuft,

♦ die Steuerung manuell oder automatisch: falls eine Anzeigedauer vorhanden ist, wird nach dieser die nächste Folie gewählt, ansonsten manuell.

↳ Wie eine Anzeigedauer vorgegeben werden kann, folgt im Kapitel 15.8 auf Seite 82.

Einige Tipps:

♦ Die Auflösung zu reduzieren ist nützlich, wenn Sie z.B. an Ihrem PC einen 4K-Monitor (3840x2160) verwenden, die Präsentation beim Kunden auf Ihrem Laptop mit nur HD = 1920x1080 Punkten Auflösung oder auf einem Beamer mit nur 720x576 Punkten Auflösung vorführen wollen.

↳ Sie sehen die Präsentation somit beim Erstellen am PC identisch wie später auf dem Präsentationsgerät.

♦ Wenn Sie die Präsentation z.B. in einem Schaufenster oder auf einer Messe ständig automatisch ablaufen lassen wollen,

↳ sollten Sie die Energiesparfunktionen Ihres Rechners deaktivieren, auf jeden Fall des Monitors, um eine Abschaltung des Bildschirms nach einiger Zeit der Nichtbenutzung zu verhindern und natürlich Bildschirmschoner abschalten.

↻ Das geht im Windows mit der rechten Maustaste auf dem Windows-Symbol unten links, dann Energieoptionen (Windows 10 und 11).

↻ Bei anderen Windows-Versionen meist auf dem Standardweg: Start/Einstellungen, weiter zu System und dort Energieoptionen, hier die Abschaltung des Bildschirms deaktivieren.

↻ Testen Sie, ob wirklich die Präsentation auch nach längerer Ablaufzeit nicht abgeschaltet wird.

◆ Außerdem sollten Sie verhindern, dass Betrachter die Präsentation stoppen können, falls diese z.B. bei einer Messevorführung Zugang zu dem PC haben.

↻ Der einfachste und sicherste Weg hierzu ist, ganz einfach die Tastatur und Maus abzustecken und wegzuräumen, was bei Verwendung von einer USB-Tastatur und Maus kein Problem ist.

↻ Schwieriger ist es bei einem Laptop, hier sollte auch das Touchpad deaktiviert werden. Leider lässt sich dieses meist über Sondertasten wieder aktivieren, siehe Handbuch Ihres Laptops, also sollte auch die Laptop-Tastatur noch deaktiviert werden. Wieder aktivieren geht dann entweder mittels einer USB-Maus oder einer externen USB-Tastatur, was natürlich vorab bereitgestellt und getestet werden sollte.

Zur Vorführung:

◆ Stellen Sie die Helligkeit und den Kontrast entsprechend den Lichtverhältnissen optimal ein. Die Helligkeit nie zu stark aufdrehen, immer zuerst den Kontrast möglichst verstärken.

◆ Bei wichtigen Präsentationen immer einen Test durchführen, um sicherzustellen, dass die Monitore, die Musik und die Steuerung funktioniert, die Bedienung klar ist und alles optimal voreingestellt ist.

↻ Wenn bei einer Vorführung etwas in Gegenwart der Kunden nicht funktioniert, entsteht schnell eine stressbedingte Situation, in der unter Umständen selbst banale Fehlerursachen wie versteckte Hauptschalter oder in Schubladen versteckte Fernbedienungen oder abgezogene Stecker nicht gefunden werden.

↻ Darum, wenn möglich, immer genau wie bei der echten Präsentation testen, d.h. in dem Vorführraum und mit dem dort vorhandenen Equipment. Sonst kann z.B. eine ungewohnte Maus mit irgendwelchen Scroll-Funktionen zu unerwarteten Problemen bei der Präsentation führen oder weil jemand bei dem dort vorhandenen PC irgendwelche Tastaturabkürzungen definiert hat.

3. Teil

DESIGN, HINTERGRUND, ANIMATIONEN

Textfelder mit Farbverlauf, Hintergrund einstellen, Design zuweisen, die Animationen

11. Textfelder mit Hintergrund

Wir bleiben bei der vorigen Übung, denn es kann noch einiges eingestellt werden, damit es noch schöner wird.

11.1 Textrahmen mit Linie und Füllung

Im vorigen Kapitel haben Sie gesehen, dass Text in Textrahmen angeordnet ist. Dadurch kann der Text nicht nur beliebig angeordnet werden, sondern diesen Textrahmen kann eine individuelle Füllung und Linienfarbe zugewiesen werden, genauso wie bei Grafikobjekten.

> ➢ Auf einem Textrahmen die rechte Maustaste drücken und im Abrollmenü „Form formatieren" wählen.

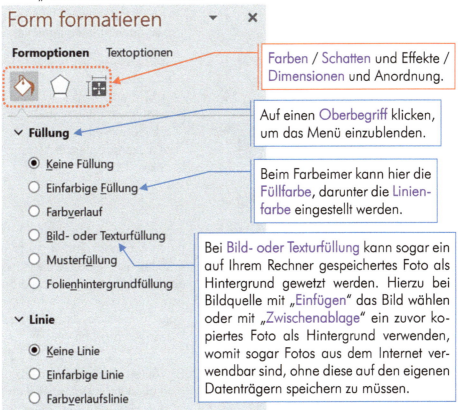

Bei Musterfüllung sind viele vorgefertigte Muster wählbar, z.B. schräge Linien, Punkte oder Schachbrettmuster, bei Folienhintergrundfüllung wird der Textrahmen einfach nicht gefüllt wie bei „Keine Füllung" so dass die Füllung der Folie sichtbar ist.

11.2 Farbige Füllung

➢ Wählen Sie den Punkt „Einfarbige Füllung".

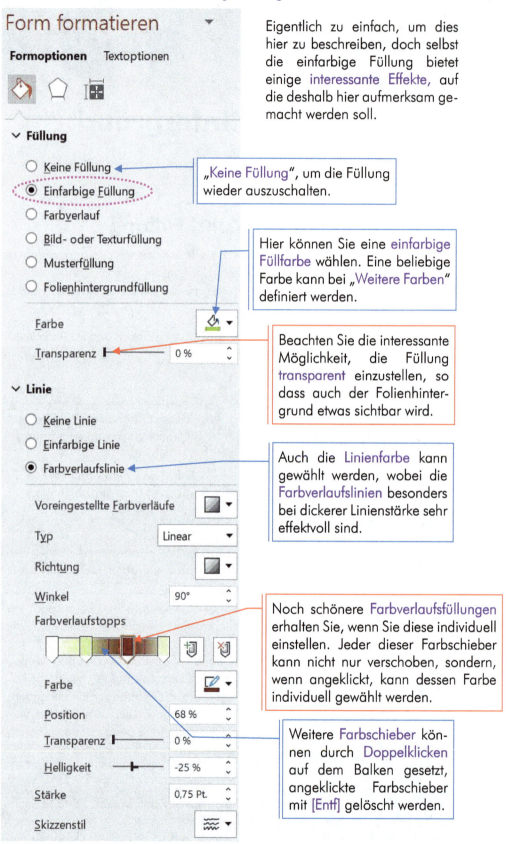

Eigentlich zu einfach, um dies hier zu beschreiben, doch selbst die einfarbige Füllung bietet einige interessante Effekte, auf die deshalb hier aufmerksam gemacht werden soll.

„Keine Füllung", um die Füllung wieder auszuschalten.

Hier können Sie eine einfarbige Füllfarbe wählen. Eine beliebige Farbe kann bei „Weitere Farben" definiert werden.

Beachten Sie die interessante Möglichkeit, die Füllung transparent einzustellen, so dass auch der Folienhintergrund etwas sichtbar wird.

Auch die Linienfarbe kann gewählt werden, wobei die Farbverlaufslinien besonders bei dickerer Linienstärke sehr effektvoll sind.

Noch schönere Farbverlaufsfüllungen erhalten Sie, wenn Sie diese individuell einstellen. Jeder dieser Farbschieber kann nicht nur verschoben, sondern, wenn angeklickt, kann dessen Farbe individuell gewählt werden.

Weitere Farbschieber können durch Doppelklicken auf dem Balken gesetzt, angeklickte Farbschieber mit [Entf] gelöscht werden.

Beispiel eines Rahmens mit Transparenz und Farbverlaufslinie:

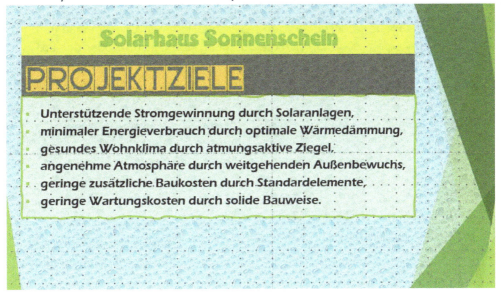

Füllfarbe wieder ausschalten:

- ◆ Registrieren Sie, dass Sie die Füllung mit „Keine Füllung" jederzeit wieder ausschalten können.

  - ↳ Damit ist der Rahmen transparent, der Hintergrund ist sichtbar,

  - ↳ während mit der Füllfarbe „weiß" der Rahmen weiß gefüllt wäre und dahinter liegendes verdeckt.

11.3 Position und Größe

Wenn wir die Textrahmen farbig hinterlegen und damit auch deutlich sichtbar einstellen, ist es umso wichtiger, dass der Text darin richtig angeordnet ist, z.B. vertikal zentriert und horizontal mittig.

- ◆ Das kann oben rechts bei dem Symbol „Größe" eingestellt werden.

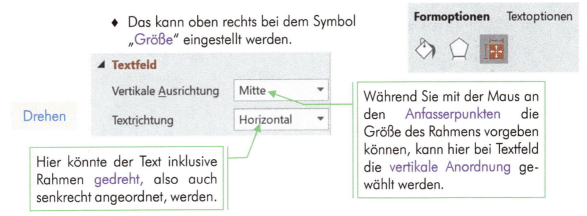

Drehen

Hier könnte der Text inklusive Rahmen gedreht, also auch senkrecht angeordnet, werden.

Während Sie mit der Maus an den Anfasserpunkten die Größe des Rahmens vorgeben können, kann hier bei Textfeld die vertikale Anordnung gewählt werden.

- ◆ In diesem Menü finden Sie noch bei Größe die Option „Seitenverhältnis sperren", womit das Verhältnis Höhe zu Breite des Rahmens bei Größenänderungen beibehalten wird.

- ◆ Die horizontale Anordnung des Textes kann wie üblich bei Start gewählt werden, z.B. linksbündig oder zentriert.

11.3.1 Die Größe des Textfeldes

Ebenfalls bei Textfeld kann der Abstand zwischen Rahmen und enthaltenem Text bestimmt werden sowie, ob sich die Rahmengröße dem Text oder der Text am Rahmen anpassen sollte:

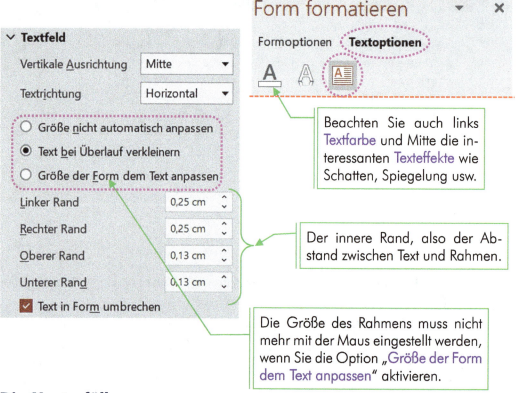

Beachten Sie auch links Textfarbe und Mitte die interessanten Texteffekte wie Schatten, Spiegelung usw.

Der innere Rand, also der Abstand zwischen Text und Rahmen.

Die Größe des Rahmens muss nicht mehr mit der Maus eingestellt werden, wenn Sie die Option „Größe der Form dem Text anpassen" aktivieren.

11.3.2 Die Musterfüllung

Diese einfachen Muster können Sie nur richtig nutzen, wenn Sie die Farben optimal einstellen, wobei die Vordergrund- und Hintergrundfarbe gewählt werden kann.

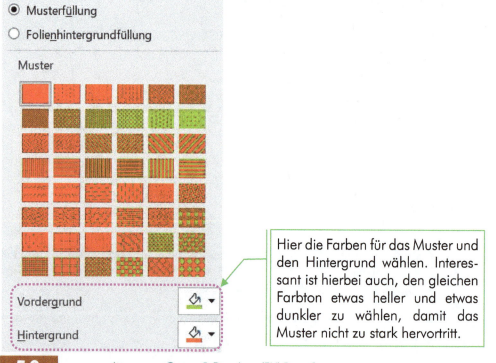

Hier die Farben für das Muster und den Hintergrund wählen. Interessant ist hierbei auch, den gleichen Farbton etwas heller und etwas dunkler zu wählen, damit das Muster nicht zu stark hervortritt.

12. Folienhintergrund

Im vorigen Kapitel haben wir die Textrahmen eingestellt. Natürlich kann auch der eigentliche Hintergrund modifiziert oder ein ganz anderes Schema gewählt werden. Im Folgenden wird dies der Reihe nach vorgestellt.

12.1 Übersicht Folien-Einstellungen

Mit der folgenden Methode können wir die Hauptfarbe des Hintergrundes einstellen.

➤ Drücken Sie die rechte Maustaste auf dem Hintergrund (=nicht auf einem Textfeld oder Text), dann haben Sie die folgenden Optionen.

Übersicht:

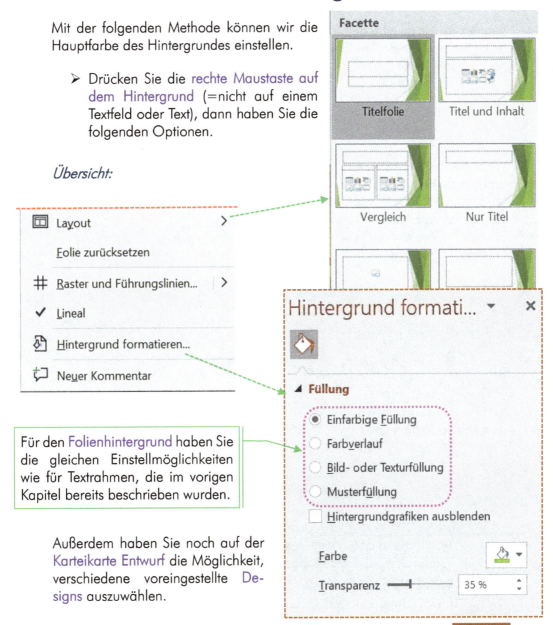

Für den Folienhintergrund haben Sie die gleichen Einstellmöglichkeiten wie für Textrahmen, die im vorigen Kapitel bereits beschrieben wurden.

Außerdem haben Sie noch auf der Karteikarte Entwurf die Möglichkeit, verschiedene voreingestellte Designs auszuwählen.

12.1.1 Rechte Maustaste oder bei Entwurf

Unterschied Karteikarte Entwurf oder per rechter Maustaste:

- ♦ Foliendesign bei der Karteikarte Entwurf: diverse Farbzusammenstellungen für Schriften, Hintergründe und Effekte wählen.

- ♦ Rechte Maustaste/Layout: wie auf der vorigen Seite dargestellt können Vorlagen für verschieden arrangierte Textrahmen gewählt werden.

- ♦ Hintergrund formatieren, erreichbar per rechter Maustaste wie auf der vorigen Seite dargestellt oder im Menü Entwurf:
  - ↬ in diesem Menü kann die Farbe des Hintergrundes eingestellt werden.
  - ↬ Neben einem einfarbigen Hintergrund können auch Farbverläufe oder Muster gewählt werden.

12.1.2 Hintergrund zurücksetzen oder auf alle anwenden?

Beachten Sie in dem Menü Hintergrund formatieren von der vorigen Seite ganz unten die Möglichkeit, die Einstellungen statt nur auf die aktuelle Folie auf alle Folien anzuwenden:

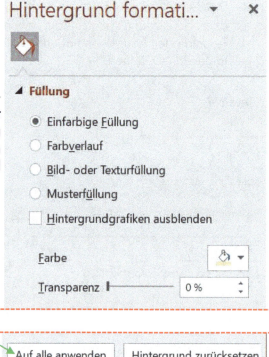

Wenn Sie mehrere Farben ausprobiert haben und nun nicht ganz zurück zur Voreinstellung der Masterfolie wollen, können Sie auch mit Rückgängig Befehl für Befehl zurück gehen.

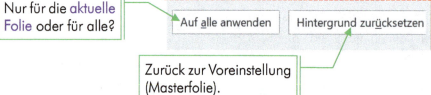

Nur für die aktuelle Folie oder für alle?

Zurück zur Voreinstellung (Masterfolie).

- ♦ Außerdem finden Sie in diesem Füllungsmenü noch den Punkt „Hintergrundgrafiken ausblenden". Jeder Folie liegt eine sogenannte Masterfolie zugrunde, deren Einstellungen erst einmal übernommen werden.
  - ↬ Wenn auf der Masterfolie Grafiken vorhanden sind, können diese hiermit auf der aktuellen Folie ausgeblendet werden.

12.2 Foliendesign wählen

Auf der Karteikarte Entwurf haben Sie wesentlich mehr Einstellmöglichkeiten als mittels der rechten Maustaste.

♦ Ganz links die Designs, voreingestellte Folien mit verschiedenen Grafiken und Farben:

Beachten Sie den Erweiterungspfeil, um alle Varianten zu sehen.

♦ Dann folgen die Varianten, hier können zu dem gewählten Design verschiedene Farbzusammenstellungen ausgewählt werden:

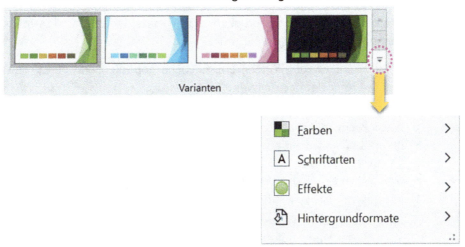

♦ Farben: Voreinstellungen sowie die Möglichkeit, diese manuell selbst zu wählen.

♦ Schriftarten: diese werden hier für alle Rahmen geändert, außer die Schrift eines Rahmens wurde bereits manuell eingestellt, und mit „Auf alle anwenden" könnten die Schriftarten mit einer Aktion auf allen Folien eingestellt werden. Also möglichst keine Schriften manuell einstellen (Rahmen anklicken und Schrift wählen), sondern hierüber.

♦ Effekte: die Farben können leuchtender oder dunkler, die Formen z.B. mit Schatten oder weichen Rändern eingestellt werden.

♦ Hintergrundformate: hier kann die Hintergrundfarbe eingestellt werden, die also überall zu sehen ist, wenn nicht grafische Elemente davor liegen.

Der größte Vorteil dieses Menüs liegt in der Möglichkeit: „Auf alle anwenden", also allen Folien dieser Präsentation zuweisen, denn meist ist ein einheitliches Design von Anfang bis Ende gewünscht.

12.3 Perfekt anordnen

Mit der rechten Maustaste/Layout können Sie eine andere Aufteilung der Rahmen wählen, wenn Sie nicht auf einem Element klicken, sondern auf dem Hintergrund. Das ist verwendbar, um bei einzelnen Folien andere Textrahmen einzustellen, denn die Änderung gilt immer nur für die aktuelle Folie. Allerdings geht dies meist von Hand schneller.

♦ Textrahmen können Sie bereits mit der Maus verschieben oder die Größe ändern.

♦ Ein neuer Textrahmen kann mit dem Befehl Einfügen/Textfeld mit gedrückter Maustaste gezogen werden.

  ↳ Sofort Text in den Rahmen schreiben, bevor Sie diesen verschieben oder die Größe ändern wollen, da ein leerer Rahmen automatisch ausgeblendet wird.

Die folgenden nützlichen Befehle finden Sie im Menü Ansicht:

♦ Das Lineal, um Absätze einzurücken, wurde in der Übung mit den Tabulatoren auf Seite 36 vorgestellt.

♦ Auch im Menü Ansicht können Sie die Gitternetzlinien und Führungslinien aktivieren oder deaktivieren:

  ↳ Gitternetzlinien: dünne, gepunktete Linien bei 100% im Abstand von ca. 1,8 cm, die jedoch auf farbigem Hintergrund meist nicht mehr erkennbar sind, sondern nur auf weißem Hintergrund, und an denen Objekte nach Voreinstellung nicht ausgerichtet werden. Also müssen wir diese erst besser einstellen.

  ↳ Führungslinien: Hilfslinien, von denen beliebig viele sowohl horizontal als auch vertikal eingefügt werden können und an denen sich Objekte ausrichten: automatisches exaktes Andocken, sobald beim Verschieben oder Größe ändern in der Nähe.

Gitternetz- und Führungslinien einstellen:

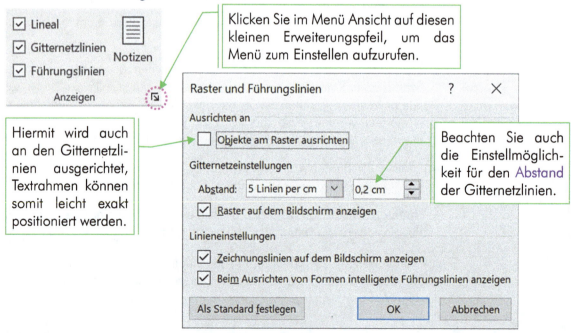

Klicken Sie im Menü Ansicht auf diesen kleinen Erweiterungspfeil, um das Menü zum Einstellen aufzurufen.

Hiermit wird auch an den Gitternetzlinien ausgerichtet, Textrahmen können somit leicht exakt positioniert werden.

Beachten Sie auch die Einstellmöglichkeit für den Abstand der Gitternetzlinien.

Den Abstand für das Gitternetz einstellen:

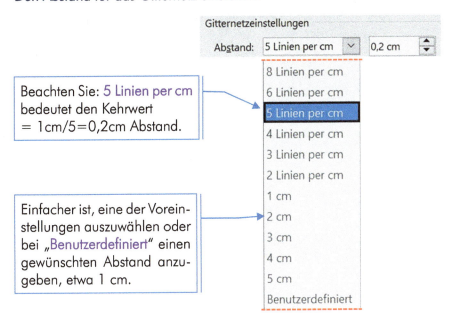

Beachten Sie: 5 Linien per cm bedeutet den Kehrwert = 1cm/5=0,2cm Abstand.

Einfacher ist, eine der Voreinstellungen auszuwählen oder bei „Benutzerdefiniert" einen gewünschten Abstand anzugeben, etwa 1 cm.

Weitere Führungslinien einfügen:

♦ Das geht am besten mit der rechten Maustaste (=nicht auf einem Textfeld oder Text), dann Raster und Führungslinien: hier können Sie sowohl horizontale als auch vertikale Führungslinien einfügen und danach mit der Maus an die gewünschte Position schieben.

♦ Wenn wir zuerst einstellen, dass Objekte auch an den Gitternetzlinien automatisch angeordnet werden, gilt dies auch für neu eingefügte Führungslinien. Dann können Elemente mit der Maus relativ einfach exakt auf der gleichen Höhe angeordnet werden.

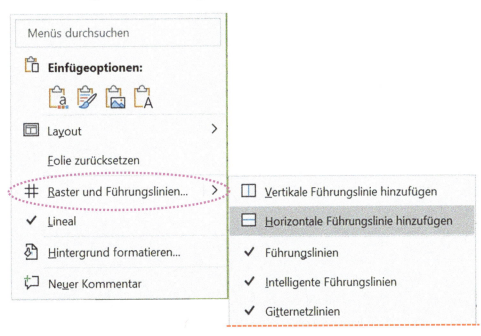

13. Die Animationen

Nachdem wir die Präsentation grafisch aufgewertet haben, kommen jetzt die phantastischen Möglichkeiten, die Präsentation wirkungsvoller zu gestalten. Mit den Animationen können Sie besonders wichtiges herausheben und die Aufmerksamkeit der Zuschauer erhöhen.

> Mittels einer Animation wird der Text beim Öffnen der Folie z.B. eingeblendet, purzelt von oben herein oder wird durch ein Blitzlicht oder wie von Schreibmaschine geschrieben verstärkt.

♦ Wenn Text oder ein Textrahmen markiert ist, können Sie bei Animationen folgende Effekte auswählen:

♦ Beachten Sie die Vorschau, die automatisch startet, sobald Sie eine andere Animation wählen oder wenn Sie die Schaltfläche Vorschau anklicken.

> Diese Animationen gelten für die Textabsätze, auf der Karteikarte Übergänge können Sie ähnliches für den Folienwechsel einstellen.

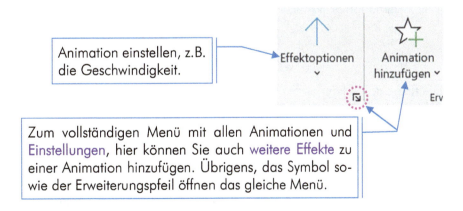

Animation einstellen, z.B. die Geschwindigkeit.

Zum vollständigen Menü mit allen Animationen und Einstellungen, hier können Sie auch weitere Effekte zu einer Animation hinzufügen. Übrigens, das Symbol sowie der Erweiterungspfeil öffnen das gleiche Menü.

➢ Weisen Sie den Textblöcken einige Animationen zu und begutachten das Ergebnis mittels der Vorschau.

13.1 Animationen einstellen

♦ Bei den Effektoptionen können Sie die Richtung und Sequenz (= gleichzeitig oder jeden Absatz nacheinander) wählen.

Je nachdem, welche Animation zugewiesen wurde, sind andere oder auch keine Einstellmöglichkeiten vorhanden.

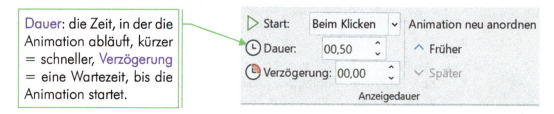

13.2 Zeitlichen Ablauf einstellen

♦ Direkt bei der Karteikarte Animationen können Sie rechts die Geschwindigkeit sowie das Startereignis einstellen:

Dauer: die Zeit, in der die Animation abläuft, kürzer = schneller, Verzögerung = eine Wartezeit, bis die Animation startet.

♦ Beachten Sie auch die Schaltfläche Trigger, denn hier kann festgelegt werden, wie die Animation gestartet wird, z.B. durch Klicken auf Text 1 oder Text 2.

Die Reihenfolge können Sie mit den Pfeil-Schaltflächen ändern:

Die markierte Textzeile wird als erste eingeblendet, daher geht „Früher" nicht, mit „Später" wird die folgende Textzeile zuerst eingeblendet, ebenso für Textrahmen oder Grafikelemente, sofern es mehrere Animationen auf dieser Folie gibt.

13.2.1 Der Animationsbereich

Ist eine Hilfe, um den zeitlichen Ablauf einzusehen und einzustellen. Wenn Sie auf das Symbol klicken, wird rechts ein Fenster eingeblendet, in dem alle auf der aktuellen Folie vorhandenen Animationen angezeigt werden.

Mit gedrückter Maustaste können Sie die Reihenfolge ändern.

Dieser grüne Balken symbolisiert den Zeitbereich und kann mit der Maus eingestellt, z.B. verschoben oder verlängert, werden.

Wichtig ist der kleine Pfeil, der bei einem angeklickten Element rechts angezeigt wird, denn nur hier kommen wir zu wichtigen Funktionen, z.B. um die Animation mit Musik zu hinterlegen.

♦ Sowohl Effektoptionen als auch die Anzeigedauer öffnet das gleiche Menü, nur ist jeweils die andere Karteikarte aktiv.

Hier können Sie nun alles zeitliche einstellen:

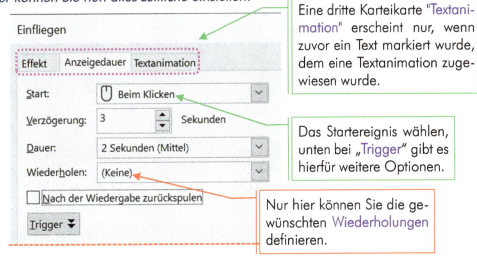

Eine dritte Karteikarte "Textanimation" erscheint nur, wenn zuvor ein Text markiert wurde, dem eine Textanimation zugewiesen wurde.

Das Startereignis wählen, unten bei „Trigger" gibt es hierfür weitere Optionen.

Nur hier können Sie die gewünschten Wiederholungen definieren.

Bei Effekt kann Musik gewählt werden, was auf der nächsten Seite beschrieben wird.

Wenn Sie oben „Wiedergeben ab" drücken, wird unten der zeitliche Ablauf veranschaulicht.

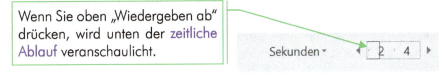

Auf der Karteikarte Textanimation finden Sie neben der Variante, die Animation in umgekehrter Reihenfolge ablaufen zu lassen, die Möglichkeit, die Animation nach einer bestimmten Wartezeit automatisch zu starten, also ohne, dass ein Klicken nötig wäre.

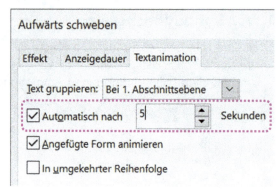

13.3 Sound ergänzen

> Guter „Sound" ist der Schlüssel für einen bleibenden Eindruck und lässt aus einer trockenen Vorführung ein Erlebnis werden. Optimal nur mit Surround-Lautsprechern und Subwoofer für die Bässe.

Auf der Karteikarte Effekt (s. vorige Seite) können Sie einer Animation auch Musik zuordnen, aber hier verbergen sich noch andere Optionen, z.B. um den Text Wortweise einzublenden oder nach dem Effekt auszublenden.

Die Richtung, aus der Text hereinschwebt oder eingeblendet wird, kann ebenfalls geändert werden (nur bei Effekten wie „Einfliegen").

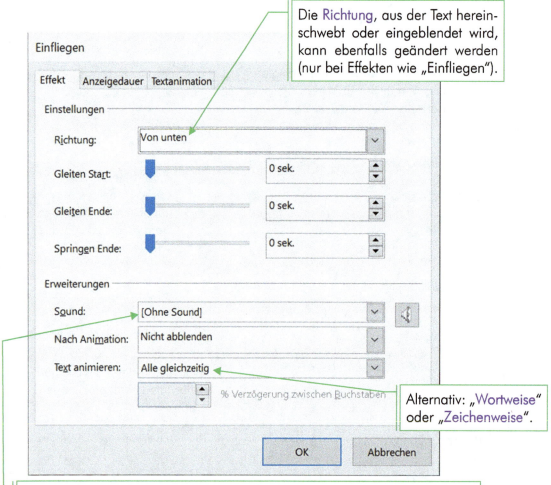

Alternativ: „Wortweise" oder „Zeichenweise".

Hier können Sie Töne zuordnen. Entweder beigegebene Geräusche oder ganz unten in dem Abrollmenü mit „Anderer Sound..." ein beliebiges Musikstück, welches auf Ihrem Computer im wav-Format gespeichert ist, laden.

Zu den weiteren Einstellungen bei „Erweiterungen":

- ◆ Mit Abblenden bei „Nach Animation:" wird der Text ausgeblendet, sobald der Effekt vorüber ist, was nur sehr selten erwünscht ist.

- ◆ Mit Wortweise bei „Text animieren" geht es nicht ganz so schnell, da der aktuelle Effekt auf ein Wort, dann erst auf das nächste, angewendet wird, mit Zeichenweise Buchstabe für Buchstabe.

- ➢ Weitere Zusammenstellungen ausprobieren.

13.4 Animation übertragen

Ist eine praktische Funktion ähnlich „Format übertragen" in MS Word. Wenn Sie eine Animation optimal eingestellt haben, können Sie genau die gleiche Animation zu anderen Textfeldern übertragen (kopieren), indem Sie den fertigen Textrahmen anklicken, „Animation übertragen" wählen und dann den Zielrahmen anklicken.

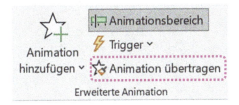

- ◆ Wenn Sie eine Animation gleich auf mehrere Textfelder übertragen wollen, fertigen Textrahmen wählen und mit Doppelklicken auf „Animation übertragen" diese Funktion solange aktivieren, bis Sie erneut auf „Animation übertragen" doppelklicken.

Notizen: ....
....
....
....
....
....
....
....
....
....
....
....
....
....
....

4. Teil

CLIPARTS UND SOUND

ClipArts suchen und einfügen, Clip Gallery und Organizer, Musik integrieren, Präsentationssteuerung

14. Präsentation mit Grafik

Jetzt werden wir eine Präsentation ganz neu erstellen. Die verschiedenen Elemente, aus denen eine Präsentation aufgebaut ist, werden wir dabei von Hand erzeugen:

◆ eine Hintergrundseite mit dem Hintergrund und grafischen Elementen,

◆ mehrere Gliederungsseiten für die verschiedenen Folien und

◆ Textrahmen, die die Anordnung des Textes auf den Folien bestimmen.

Zusätzlich können wir die Seiten durch Animationen wirksamer gestalten.

14.1 Neue Präsentation

Beginnen wir ganz von vorne.

➢ Wählen Sie im PowerPoint Datei/Neu, dann „Leere Präsentation".

◆ Sie könnten jetzt bei Entwurf eine Design-Vorlage wählen, doch bei täglicher beruflicher Anwendung sind die vorgegebenen Designs schnell verwendet und damit abgegriffen.

◆ Oder Sie könnten bei Start/Layout ein Muster mit einem Textrahmen für den Titel und zwei für Text und Bild darunter, z.B. „zwei Inhalte", wählen.

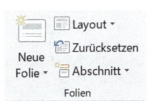

Aber diesmal wollen wir lernen, wie eine Folie eingerichtet wird. Also benutzen wir keine Hilfe, sondern machen wir alles manuell.

14.2 Seite gestalten

Wir wollen ein DIN A4–Blatt im Querformat erstellen, das später auf Papier gedruckt und ausgehängt werden kann.

> ➢ Löschen Sie ggf. vorhandene Textrahmen (auf der Linie anklicken und [Entf]).

> ➢ Wählen Sie bei Entwurf/Foliengröße eine benutzerdefinierte Foliengröße entsprechend DIN A4 quer. Die erscheinende Meldung bestätigen, wir haben ja noch keine Elemente.

Wichtig ist jetzt, als nächstes das Raster richtig einzustellen, damit Rahmen und Hilfslinien daran ausgerichtet werden und somit exakt positioniert sind.

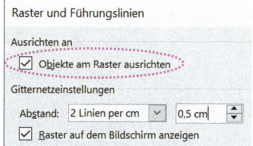

> ➢ Bei Ansicht/Anzeigen den Erweiterungspfeil anklicken und, da wir ein recht großes Format haben, auch weiter entfernte Rasterabstände eingeben, z.B. alle 5mm und Objekte am Raster ausrichten aktivieren.

> ➢ Jetzt können Sie ohne Mühe zwei Textrahmen (Einfügen/Textfeld) ziehen, die exakt ausgerichtet sind, einen für den Titel, einen links darunter für den Text, rechts werden wir anschließend ein Foto einfügen

Als Vorschlag:

Hinweis: Sie können jederzeit ein anderes Design wählen. Vorhandene Textrahmen mit Text werden dabei nicht gelöscht, falls Sie auf eine Vorlage mit weniger Rahmen wechseln. Zur Sicherheit vorher speichern und ggf. gleich Rückgängig oder Schließen, ohne zu speichern.

14.3 Grafik importieren

Ein Bild muss her! Zunächst eine Übersicht:

- ◆ Bilder: hiermit können Sie Fotos von Ihrem Rechner oder aus dem Internet (Onlinebilder = bing) oder von OneDrive einfügen.

- ◆ Screenshot: ein Foto von Ihrem Monitor erstellen, im Abrollmenü entweder ein geöffnetes Fenster auswählen oder Bildschirmausschnitt, dann einen rechteckigen Bereich mit gedrückter Maustaste markieren.

- ◆ Fotoalbum: hier können Sie Fotos auswählen, die in ein Fotoalbum eingefügt werden, diese Fotopräsentation läuft allerdings nicht in einem Rahmen Ihres aktuellen Projekts, sondern es wird eine neue Präsentation geöffnet.

  ↪ Damit ist dieser Befehl hier bei „Einfügen" falsch einsortiert, denn es wird nichts in das aktuelle Projekt eingefügt.

- ◆ Am besten gleich selbst anschauen: Formen (einfache Grafiken wie Rechteck, Sterne…), Piktogramme (kleine schwarz-weiß-Bildchen), 3D-Modelle (räumlich gezeichnete Elemente), SmartArt (Flussdiagramme) und Diagramm (die Datentabelle wird gleich mit eingefügt und kann überschrieben werden).

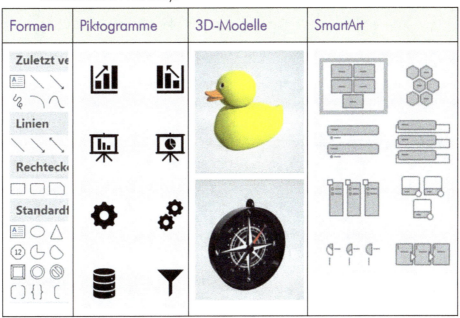

- ◆ Ganz rechts im Menü Einfügen können Sie noch Videos, wieder sowohl von Ihrem Rechner oder Online, und Audios einfügen oder mit Bildschirmaufzeichnung von Ihrem Bildschirm aufnehmen, z.B. einen Ausschnitt eines Youtube-Videos erstellen, das Sie gerade an Ihrem Bildschirm abspielen und hiermit aufnehmen.

14.4 Bilder suchen

Die Möglichkeiten, Bilder zu finden, im Überblick:

- Wenn Sie die Funktion Einfügen/Bilder/Onlinebilder benutzen, bekommen Sie eine übersichtliche Auswahl zu bestimmten Stichworten, basierend auf Suchtreffern der Microsoft-Suchmaschine bing.

- Natürlich können Sie auch im Internet in einer Suchmaschine Ihrer Wahl suchen.
  - ↳ Dann die gewünschten Fotos, Videos oder Tonquellen auf Ihrer Festplatte zwischenspeichern und über Einfügen/Bilder/Dieses Gerät… in Ihre PowerPoint-Präsentation einfügen. Natürlich sind Sie dabei verantwortlich, entsprechende Copyrights zu beachten.

- Sie können aber auch Ihre Festplatte oder eine gerade eingelegte DVD nach Bildern, Musik oder Videos durchsuchen.
  - ↳ Auf vielen CDs/DVDs sind etliche Schätze verborgen, z.B. Programmen beigegebene Bilder oder einige Gratis-ClipArts auf Beilage-CDs von Computerzeitschriften.
  - ↳ Hierzu im Windows Explorer das gewünschte Laufwerk, etwa Festplatte C: oder DVD-Laufwerk, auswählen und oben rechts bei der Suchen-Schaltfläche ein Suchwort eintragen, z.B. cars.

Sie können auch ohne einen Suchnamen allgemein direkt nach Fotos, Videos oder Musikstücken suchen, das geht mittels der Dateiendung:

- *.jpg für Fotos im jpg-Format, die meisten Fotos sind in diesem Format gespeichert, nur wenige in anderen Formaten wie *.gif, *.bmp, *.tiff oder *.png.

- *.wav für digitale oder *.mp3 für komprimierte Musik oder

- *.avi oder *.mpg für Computervideos eintragen.

Der * steht für einen beliebigen Dateinamen, gefolgt von der Dateiendung für den gewünschten Dateityp.

Beispiel mit Windows Explorer:

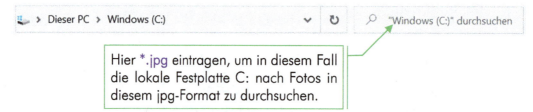

Hier *.jpg eintragen, um in diesem Fall die lokale Festplatte C: nach Fotos in diesem jpg-Format zu durchsuchen.

- ➢ Fügen Sie in der Mitte ein 3D-Modell ein, z.B. einen Drachen (Einfügen/3D-Modelle/Archiv 3D-Modelle/Fantasy) und rechts zwei Sportwagen mit Einfügen/Bilder/Onlinebilder.
  - ↳ Jedes Bild anklicken und an den erscheinenden Anfassern passend verkleinern, beachten Sie dabei, wie sich die Bilder an dem Raster orientieren.
  - ↳ Mehr zur Anpassung und Anordnung auf der nächsten Seite.

14.5 Bilder bearbeiten

Bei den Sportwagen haben wir zwei Probleme. Zum einen passt das Format nicht, wir bräuchten eigentlich ein Bild im Hochformat, was bei einem Auto selten der Fall ist, zum anderen stört meist der Hintergrund, wir wollen ja fast nur die Sportwagen sehen.

Eine mögliche und einfache Lösung: wir fügen einfach zwei Sportwagen-Bilder ein, verkleinern diese, drehen jedes Bild etwas und setzen die zwei Bilder übereinander so wird der Platz mit Hochformat doch weitgehend ausgefüllt, und den Hintergrund reduzieren wir mit dem Effekt „Weiche Kanten".

Anschauungsbeispiel (suchen Sie nicht genau die gleichen Fotos):

Vorgehen:

➢ Ein Foto einfügen, anklicken und an den Eck-Anfasserpunkten mit gedrückter Maustaste passend verkleinern. Beachten Sie die Markierung im obigen Foto, auch für den Drehpfeil.

➢ Oben in der Mitte befindet sich ein Drehpfeil, an diesem können Sie das Foto drehen.

➢ Mit rechte Maustaste/In den Vordergrund, bzw. Hintergrund können Sie die Reihenfolge optimal einstellen.

➢ Wenn Sie ein Grafikelement anklicken, erscheint oben im PowerPoint der passende Befehl, z.B. Bildformat oder Formformat.

    ✎ Daraufklicken, um die Befehle für Grafikbearbeitung einzublenden.

    ✎ Dort finden Sie bei den Bildeffekten den Effekt „Weiche Kanten", mit dem Sie den Hintergrund sehr einfach weitgehend ausblenden können.

14.6 Grafik- und Bildbearbeitung

♦ Auch wenn Sie eine Grafik anklicken, können Sie ganz oben auf Form-format klicken, um die Grafikbefehle einzublenden, die etwas anders sind als die Befehle für Fotos:

Beispiele Symbole bei Bildformat für Fotos:

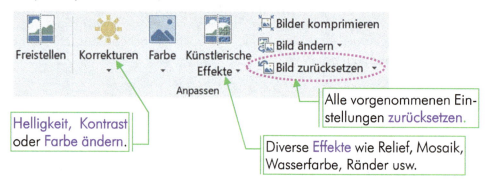

Helligkeit, Kontrast oder Farbe ändern.

Alle vorgenommenen Einstellungen zurücksetzen.

Diverse Effekte wie Relief, Mosaik, Wasserfarbe, Ränder usw.

♦ Bilder komprimieren: Auflösung reduzieren oder zugeschnittene Bereiche endgültig löschen.

♦ Bild ändern: ein anderes Foto wählen. Noch einfacher: dieses löschen und neues einfügen.

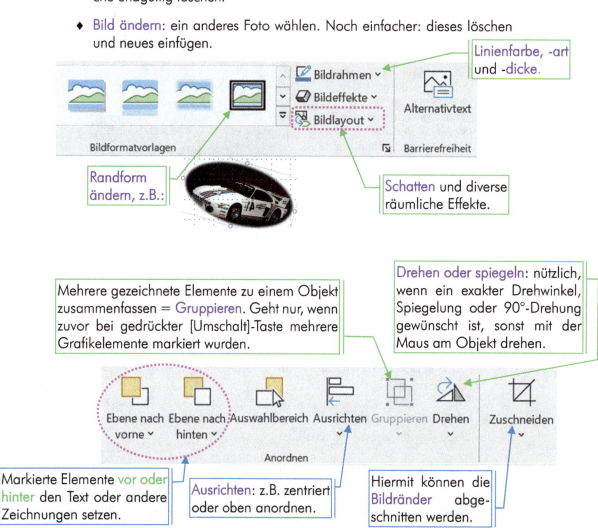

Linienfarbe, -art und -dicke.

Randform ändern, z.B.:

Schatten und diverse räumliche Effekte.

Drehen oder spiegeln: nützlich, wenn ein exakter Drehwinkel, Spiegelung oder 90°-Drehung gewünscht ist, sonst mit der Maus am Objekt drehen.

Mehrere gezeichnete Elemente zu einem Objekt zusammenfassen = Gruppieren. Geht nur, wenn zuvor bei gedrückter [Umschalt]-Taste mehrere Grafikelemente markiert wurden.

Markierte Elemente vor oder hinter den Text oder andere Zeichnungen setzen.

Ausrichten: z.B. zentriert oder oben anordnen.

Hiermit können die Bildränder abgeschnitten werden.

Einen Textfluß wie im MS Word, ob der Text um die Grafik herum fließt wie in einer Zeitung oder ob der Text vor oder hinter der Grafik weiterläuft, um die Grafik z.B. als Hintergrund zu verwenden, gibt es im PowerPoint bis heute nicht.

◆ Bildlayout: verschiedene Anordnungen der Grafik mit Beschreibungstext können gewählt werden. Dabei wird die Grafik oft in einen Rahmen gesetzt und abgeschnitten, dies kann später mit der Maus angepasst werden.

Bei „Farbe" finden Sie diese interessanten Optionen:

◆ Mittels Vorschaubildern wird anschaulich dargestellt und kann gewählt werden: heller, dunkler, den Farbton ändern oder in schwarz-weiß umwandeln.

◆ Weitere Varianten: alle Farben werden durch die gewählte Farbe ersetzt.

◆ Transparente Farbe bestimmen: Sie können mit der Pipette eine Farbe anklicken, die ausgeblendet, also transparent, wird.

    ↳ Damit kann z.B. ein unerwünschter einfarbiger Hintergrund um ein Objekt weggeschnitten werden.

    ↳ Geht nur bei Fotos und nur für einen Farbton, nicht für Farbverläufe wie z.B. einen Himmel, der aus verschiedenen Blautönen besteht.

◆ Bildfarboptionen: das komplette Menü wird geöffnet, einige Optionen sind jedoch nur für Fotos, andere für Grafiken verfügbar.

◆ Sie können auch den Windows Explorer verwenden und von dort Bilder hinüberziehen.

14.7 Neue Seite

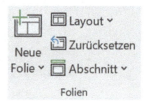

➤ Entweder mit dem Symbol oder rechte Maustaste auf der linken Seite im Folienvorschaubereich, dann „Neue Folie".

➤ Zwei Textrahmen sind bereits vorhanden, diese löschen, dafür den Titel- und den Textrahmen von der ersten Folie hierhin kopieren, damit wir identische Einstellungen haben.

➤ Da wir auf der ersten Seite nur einen Textrahmen haben, diesen kopieren und zweimal auf der zweiten Folie einfügen, den zweiten auf die rechte Seite schieben.

➤ Eine Phantasieadresse in das rechte Textfeld schreiben, dann Schrift passend formatieren und Rahmen passend auf der rechten Seite anordnen, siehe nächste Abbildung.

14.8 Hintergrund einstellen

➤ Geht ganz einfach. Wir verwenden eine der zahlreichen Voreinstellungen bei Entwurf/Designs.

↳ Beachten Sie, dass Sie die Farben eines Designs sowie auch die Farben von dem Text und den Textrahmen manuell anpassen können.

Der Rahmen für die Adresse wurde einzeln formatiert:
- Rechte Maustaste auf dem Rahmen, dann Form formatieren.
- Hier wurde die Rahmenfarbe rot gewählt, aber eine leichte Transparenz eingestellt (33%).
- Das Foto wurde kopiert und mehrfach eingefügt.

➤ Zum Abschluss die Bilder und die Textrahmen passend anordnen sowie mit den Designs experimentieren, bis ein geeignetes gefunden ist.

15. Präsentationssteuerung

15.1 Weitere Animationen

Effekte mit Sound sorgen für das gewisse Etwas (vgl. S. 60). Jetzt werden wir die Musik zu den Effekten perfektionieren.

➢ Weisen Sie nun den Textrahmen der neuen Sportwagen Center Präsentation Animationen zu.

   ↳ Falls ein Text nicht in dem Menü angezeigt wird, ist diesem noch keine Animation zugewiesen.

   ↳ Da wir mehreren Objekten Animationen zuweisen wollen, hilft das Andockfenster Animationsbereich, den Überblick zu behalten.

Wenn mehrere Texte aufgenommen sind, können Sie die Effekt-Reihenfolge mit den Pfeilschaltflächen einstellen.

Leider ist es nicht gleich offensichtlich, wie die Animationen einzustellen sind, z.B. wenn wir die Aufzählung links wortweise einfliegen wollen, um die Aufmerksamkeit zu jedem dieser Argumente zu erhöhen.

Zwei Schritte sind nötig, erstens die gewünschte Animation wählen, danach diese umstellen auf Absatz- oder wortweise.

➢ Markieren Sie den linken Textrahmen, dann übungshalber den Erweiterungspfeil bei den Animationen drücken.

> Beachten Sie nun im Menü die Einteilung in Eingangs-, Hervorhebungs- und Ausgangseffekte.

➢ Wählen Sie unten „Weitere Eingangseffekte", damit Sie alle zur Auswahl stehenden Eingangseffekte sehen und wählen Sie nun z.B. „Einfliegen".

➢ Jetzt können Sie bei Effektoptionen „Nach Absatz" wählen.

Zum Effekt-Einstellmenü:

Im vollständigen Menü wäre auch die Wartezeit zum nächsten Absatz sowie Sound einstellbar.

Entweder bei Effektoptionen den Erweiterungspfeil ....

oder rechts im Animationsbereich auf der gewünschten Animation die rechte Maustaste und Effektoptionen wählen.

Je nach gewähltem Effekt sind andere Einstelloptionen verfügbar:

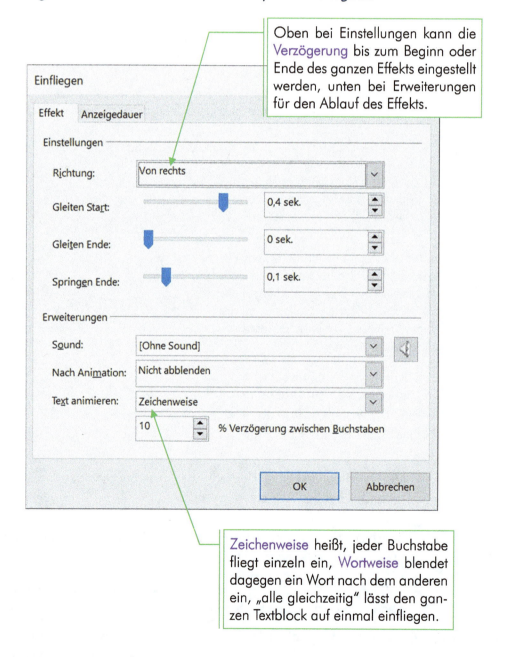

Oben bei Einstellungen kann die Verzögerung bis zum Beginn oder Ende des ganzen Effekts eingestellt werden, unten bei Erweiterungen für den Ablauf des Effekts.

Zeichenweise heißt, jeder Buchstabe fliegt einzeln ein, Wortweise blendet dagegen ein Wort nach dem anderen ein, „alle gleichzeitig" lässt den ganzen Textblock auf einmal einfliegen.

15.2 Sound ergänzen

Wenn Sie die Texte in der richtigen Reihenfolge angeordnet haben, können Sie die Animationen auswählen. Dabei gibt es noch mehr Möglichkeiten.

Rechte Maustaste auf dem Effekt und „Effektoptionen", dann kann auf den Karteikarten alles eingestellt werden.

Hier für den Effekt Wischen:

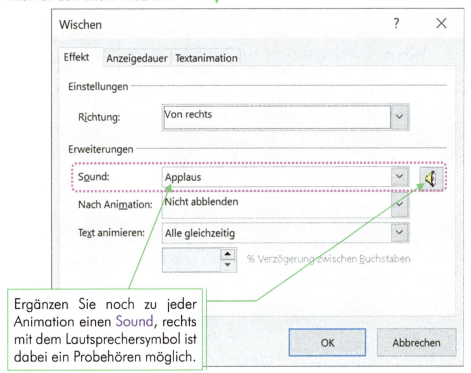

Ergänzen Sie noch zu jeder Animation einen Sound, rechts mit dem Lautsprechersymbol ist dabei ein Probehören möglich.

Wenn Ihnen die Beispiele nicht reichen, können Sie ganz unten in der Abrollliste mit „anderer Sound" ein Musikstück von Ihren Datenträgern laden.

Das sind die zwei wichtigsten Einstellwege, oben zum Einstellen einer Animation über den Animationsbereich, zum Auswählen einer Animation mittels dem Erweiterungspfeil oben bei Animationen.

Für unsere Sportwagen-Verleihfirma bieten sich natürlich die Animationen aus der Kategorie „Spektakulär" an, zu finden im Abrollmenü oder dem Symbol „Animation hinzufügen" bei „Weitere Eingangseffekte".

> Weisen Sie allen drei Textblöcken passende Animationen zu, dann die komplette Vorschau als Bildschirmpräsentation starten.

> Stellen Sie auch die Animationssteuerung optimal ein.

> ☞ Entweder nach Klicken, wenn von Hand per Mausklick den Ablauf steuern wollen, oder die zeitliche Reihenfolge wie auf Seite 59 beschrieben fest vorgeben.

Jetzt haben wir den Texten einige Animationen zugewiesen. Das geht jedoch auch für ClipArts oder andere Grafikobjekte.

Bei unserer Sportwagenverleihfirma können wir damit sogar die Sportwagen-Bilder fahren lassen. Mit dem richtigen Sound und eingestellter Verzögerung wirkt dies so, als ob diese anfahren oder abbremsen würden, eine wirkungsvolle Möglichkeit.

15.2.1 Animationen für Objekte

Das geht eigentlich genauso wie mit Text.

> Ein Auto-Foto anklicken und dann oben bei Animation verschiedene Effekte ausprobieren oder mit dem Symbol „Animation hinzufügen" eine Animation zuweisen, beide Wege führen zu dem gleichen Ergebnis.

> ☞ Ideal für ein Auto ist wieder der Effekt „Einfliegen", bei Effektoptionen die Richtung auf „von rechts" ändern.

Jetzt kommt der Obertrick. Sie können mehrere Effekte nacheinander ablaufen lassen. Damit lassen sich sogar kleine Filmszenen im PowerPoint erstellen.

> Wenn das ClipArt angeklickt ist, kann mit „Animation hinzufügen" ein weiterer Effekt ergänzt werden, z.B. drehen.

Jetzt muss nur noch die zeitliche Abfolge so eingestellt werden, dass der Sportwagen zuerst von rechts einfliegt, dann nach einer kurzen Pause gedreht wird. Das geht im Animationsbereich:

Das ClipArt wird mehrfach aufgelistet, für jeden Effekt einmal. Das erleichtert es, die zeitliche Reihenfolge der Effekte einzustellen.

Hier wird die Zeit veranschaulicht dargestellt. Maus darüber ruhen lassen, und Sie sehen, dass das Einfliegen nach 0,5 s beendet ist. Einfach mit der Maus den unteren grünen Balken nach rechts schieben, damit dieser Effekt später startet.

➢ Abschließend können Sie noch einen Effekt wählen, z.B. mit Ausfliegen das ClipArt wegfahren lassen oder das Auto mit „Schwanken" wackeln lassen und dabei einen Motorensound abspielen.

Jetzt ist das Clipart dreimal im Effekt-Menü eingetragen, so dass bei jedem Effekt die Geschwindigkeit eingestellt werden kann.

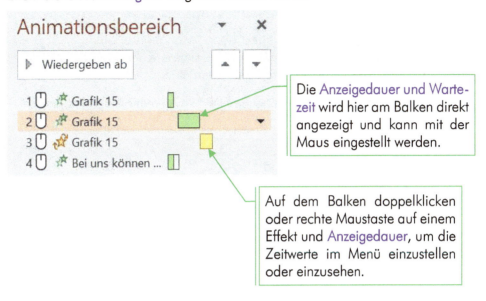

Die Anzeigedauer und Warte-zeit wird hier am Balken direkt angezeigt und kann mit der Maus eingestellt werden.

Auf dem Balken doppelklicken oder rechte Maustaste auf einem Effekt und Anzeigedauer, um die Zeitwerte im Menü einzustellen oder einzusehen.

Das Menü Anzeigedauer:

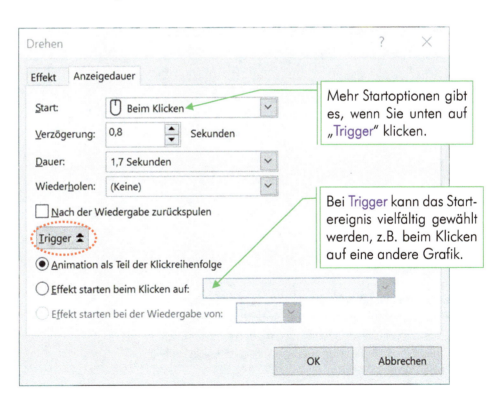

Mehr Startoptionen gibt es, wenn Sie unten auf „Trigger" klicken.

Bei Trigger kann das Start-ereignis vielfältig gewählt werden, z.B. beim Klicken auf eine andere Grafik.

15.3 Aktionseinstellungen

Wir können also mit „Animation hinzufügen" beliebig viele Animationen einem Objekt oder Textrahmen zuordnen. Das können wir z.B. nutzen, dass, sobald unser Sportwagenbild per Maus angeklickt wird, dieses wackelt und ein Motorengeräusch ertönt. Das erhöht den Reiz beträchtlich, wenn Klienten die Maus bedienen können.

➢ Ergänzen Sie noch einen Effekt über „Animation hinzufügen", z.B. Impuls. Jetzt ist nur noch umzustellen, dass dieser Effekt nur beim Anklicken startet und nicht als Teil der Effektreihenfolge.

➢ Rechte Maustaste auf dem neuen Effekt im Animationsbereich, dann Anzeigedauer wählen.

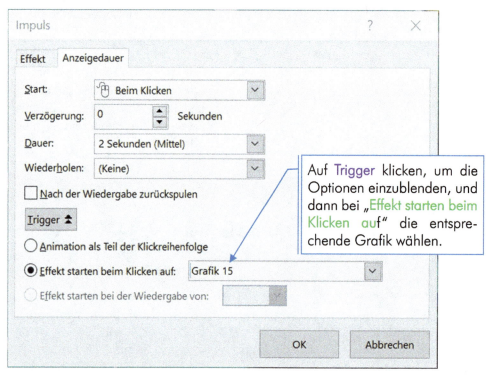

15.4 Mouseover

Leider können wir im vorigen Menü nicht wählen, dass der Effekt ausgeführt werden soll, sobald die Maus nur über das Objekt bewegt wird. Doch auch das ist möglich, allerdings leider nur für Sounds und etwas versteckt bei Einfügen/Aktion:

➢ Den Sportwagen wieder anklicken und Einfügen/Aktion wählen.

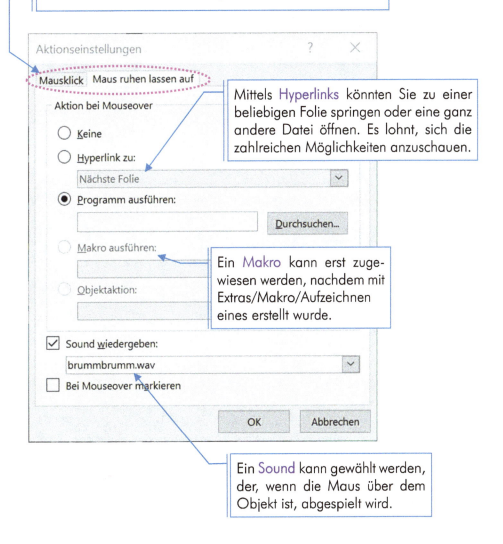

♦ Was Sie auf der Karteikarte Mausklick eintragen, wird ausgeführt, sobald Sie das Element anklicken.

♦ Bei „Maus ruhen …" reicht es, die Maus über das Objekt zu bewegen.

♦ Beides funktioniert nicht in der Vorschau, sondern ist nur bei einer Bildschirmpräsentation zu testen.

Mittels Hyperlinks könnten Sie zu einer beliebigen Folie springen oder eine ganz andere Datei öffnen. Es lohnt, sich die zahlreichen Möglichkeiten anzuschauen.

Ein Makro kann erst zuge-wiesen werden, nachdem mit Extras/Makro/Aufzeichnen eines erstellt wurde.

Ein Sound kann gewählt werden, der, wenn die Maus über dem Objekt ist, abgespielt wird.

Zu den Makros:

Leider können Makros in PowerPoint seit der Version 2013 nicht mehr einfach aufgenommen werden, sondern nur noch mit Visual Basic programmiert werden, was ein Thema für ein eigenes Buch wäre.

15.5 Effekte löschen

Falls Sie zu viele Effekte eingebaut haben, können Sie auf dem Effekt-Eintrag rechts im Animationsmenü die rechte Maustaste drücken und entfernen wählen. Es wird nur dieser zugeordnete Effekt gelöscht, nicht der Text oder das Bild.

15.6 Schreibmaschine und Absatzweise

Hier bei Sound finden Sie auch das Geräusch „Schreibmaschine". Wenn Sie einen Text Wort- oder Buchstabenweise einblenden und diesen Sound wählen, wirkt dies wie auf Schreibmaschine geschrieben.

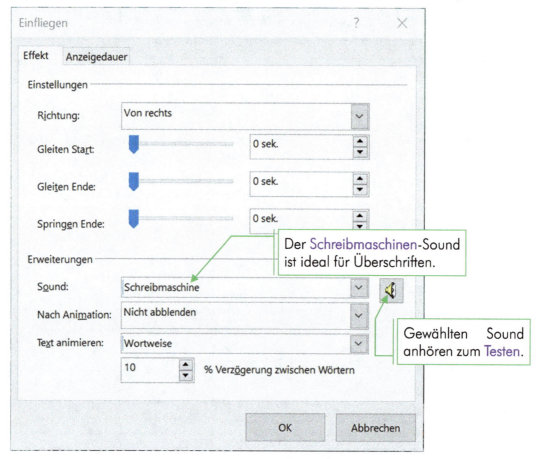

Problem: um die Aufmerksamkeit zu erhöhen und dem Leser die Zeit zum Lesen zu geben, würden wir gerne jeden Textabsatz nacheinander Einfliegen. Früher gab es dafür den Effekt Sausen oder Farbschreibmaschine, jetzt müssen wir dies manuell einstellen, was jedoch mit diesem Spezialtrick geht:

➤ Verschieben Sie die Zeitfenster so, dass Absatz für Absatz nacheinander eingeflogen wird:

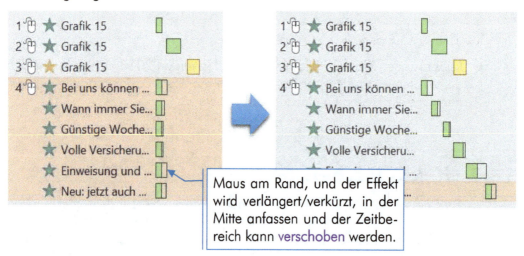

15.7 Film mit weiteren Folien

Wir können zur Abwechslung weitere Folien ergänzen, auf denen einige Autos kreuz und quer mit Motorengeräusch über den Bildschirm fahren, bevor wieder für eine längere Zeit die Startfolie mit der Adresse erscheint.

[Strg]-M

Neue
Folie ˅

➢ Ergänzen Sie mit [Strg]-M einige weitere Seiten und kopieren dann die Überschrift auf diese, evtl. vorhandene Rahmen löschen. Wir hätten auch bei Start/Neue Folie aus dem Abrollmenü die leere Vorlage verwenden können.

⇩ Damit können Sie wie bei einem Zeichentrickfilm Bewegungen erzeugen, indem Sie einen Wagen auf jeder Folie etwas weiter versetzen.

⇩ Wenn Sie auf den ersten Folien kleine Abstände, dann immer größere wählen, können Sie eine Beschleunigung simulieren.

⇩ Natürlich auch hier einen Sound zuordnen, was in Kapitel 16.4 ausführlich erläutert wird.

Hintergrund des Auto-Fotos etwas ausblenden:

➢ Ein Auto-Foto einfügen, zunächst rechte Maustaste darauf und bei Grafik formatieren zur Karteikarte Effekte.

➢ Bei Weiche Kanten den Hintergrund etwas ausblenden, dann drehen, kopieren und an den folgenden Seiten leicht versetzt einfügen.

15.8 Vorschau und Online verteilen

15.8.1 Vorschau und Kontrolle

Unten finden Sie das Symbol, um die Präsentation am Bildschirm ablaufen zu lassen, dabei können Sie sich alles ansehen und prüfen:

Mehr zu den Ansichten wurde bereits auf Seite 24 erläutert.

15.8.2 Online verteilen

Zusätzlich können Sie die Präsentation in einem Webbrowser ablaufen lassen und damit über das Internet verteilen.

> Leider gab es des Öfteren Fehlfunktionen bei diesem Office-Präsentationsdienst. Aktuell beabsichtigt Microsoft daher, diese Funktion demnächst abzuschalten, aktuell (2022) ist das Symbol noch da, ist aber nicht aktiv, so dass diese Funktion nur noch bei älteren, nicht aktualisierten PowerPoint-Versionen funktioniert. Folgendes in Handarbeit geht aber immer: die Präsentation bei Aufzeichnen als Video exportieren und dieses Video per E-Mail versenden oder bei einem online-meeting z.B. im MS Teams abspielen.

➢ Früher war diese Funktion bei Bildschirmpräsentation/Online vorführen zu finden, ab PowerPoint 2021 bei Datei/Freigeben/Online vorführen.

    ✎ Hier bei Freigeben könnten Sie eine Präsentation nur für bestimmte Personen freigeben. Ein gemeinsam genutzter Online-Speicher muss zuvor eingerichtet sein. Für diese Funktionalität ist der Office-Präsentationsdienst zuständig, für den keine Installation erforderlich ist.

    ✎ Leider funktioniert dies, wie zuvor erwähnt, seitens Microsofts nicht mehr, Sie können jedoch die Präsentation auf einen Cloud-Speicher hochladen und entsprechende Zugangsdaten per E-Mail an die gewünschten Betrachter versenden.

Per E-Mail versenden:

♦ Ebenfalls hier bei Freigeben könnte die Präsentation per E-Mail versendet werden, entweder als Email-Anhang oder erstmal umgewandelt in ein pdf- oder XPS-Dokument, dann später z.B. per Seriendruck-Email verschickt.

➢ Kopieren Sie den genannten Link und senden Sie diesen per E-Mail zuerst an sich selbst, damit Sie den Link immer verfügbar haben und an die gewünschten Betrachter weitersenden können.

    ✎ Dieser Link kann in jeden Browser eingefügt werden, dann kann dort die Präsentation betrachtet oder heruntergeladen werden.

    ✎ Wenn Sie öfters solche Links mailen wollen, erstellen Sie sich am besten eine Seriendruck-Adressdatenbank, um weitgehend automatisch diesen Link an alle gewünschten Empfänger mailen zu können.

15.8.3 Automatisch ablaufen

Sie können die Präsentation ausdrucken oder am Bildschirm abspielen. Eine interessante Variante ist es, eine Präsentation automatisch am Bildschirm ablaufen zu lassen. Damit kann die Präsentation z.B. auf einen Laptop, der im Schaufenster steht oder auf einer Messe bei Kunden Interesse wecken soll, pausenlos abgespielt werden.

Damit die Präsentation automatisch abläuft, sind zwei Einstellungen vorzunehmen.

➢ Bei Bildschirmpräsentation/Bildschirmpräsentation einrichten, was auf Seite 42 beschrieben wurde, z.B. „Ansicht an einem Kiosk".

Nun zu der zweiten erforderlichen Einstellung beim Folienübergang.

15.8.4 Folienübergang

Allerdings erwartet der Computer noch Eingaben, um weiter Fortzufahren. Damit das automatisch erfolgt, sind optimale Ablaufzeiten anzugeben.

Auf Seite 58 hatten wir bereits die Einstellmöglichkeiten bei „Übergänge" vorgestellt, dort können manuell die Wechselzeiten zur nächsten Folie vorgegeben werden, sowie in diesem Kapitel z.B. 15.6 wurde die Möglichkeit erläutert, die Ablaufzeiten der Effekte auf einer Folie manuell einzustellen.

Eine weitere sehr hilfreiche Möglichkeit ist es, die Präsentation ablaufen zu lassen und wenn ein Folienübergang gewünscht ist, diesen per Mausklick einzuleiten, die damit definierten Zeiten können anschließend gespeichert werden.

➢ Das geht bei Bildschirmpräsentation/Anzeigedauern testen:

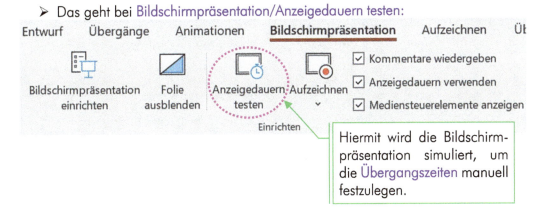

Hiermit wird die Bildschirmpräsentation simuliert, um die Übergangszeiten manuell festzulegen.

➢ Oben links erscheinen die Steuerungssymbole:

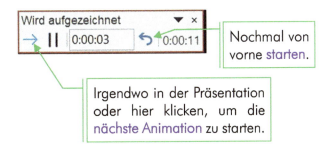

Nochmal von vorne starten.

Irgendwo in der Präsentation oder hier klicken, um die nächste Animation zu starten.

- ◆ Sind alle Animationen der Folie durch, wird beim nächsten Klick zur nächsten Folie gewechselt.

- ◆ Wenn alle Animationen auf allen Folien durchgeklickt sind, werden Sie gefragt, ob Sie diese per Klick angegebenen Zeiten speichern wollen oder nicht.

Unten werden, bei hellem Folienhintergrund fast unsichtbar, diese Symbole eingeblendet, mit denen Sie neben vor- auch zurückblättern können. Diese Symbole sind auch vorhanden, wenn Sie statt „Anzeigedauer testen" eine Bildschirmpräsentation abspielen (Bildschirmpräsentation/Von Beginn an):

Zoom und weitere Befehle.

Folienansicht, mit [Esc] zurück.

Laserpointer oder Marker.

Übung fertigstellen:

- ➢ Sie könnten beliebige weitere Seiten ergänzen, z.B. mit Preistabellen oder auf denen einzelne Sportwagen vorgestellt werden oder mit Fotos von Kunden auf Fahrten.

- ➢ Starten Sie obige Funktion, passende Zeiten durch Klicken einstellen, dann beenden und speichern.

Notizen: ....

....

....

....

....

....

....

....

....

....

....

....

....

....

....

....

16. Mit Musik

16.1 Sound optimieren

Wenn Sie die Bildschirmpräsentation ablaufen lassen, werden Sie feststellen, dass bei den meisten Effekten kein Ton vorhanden ist. Wir sollten also für eine bessere Wirkung und Aufmerksamkeit Musik ergänzen.

Um dieses Problem zu lösen, gibt es zwei Wege:

♦ Sie suchen nach einem anderen fertigen Motorensound.

   ↳ Auf sehr vielen CD's/DVD's sind Soundstücke beigegeben. Wenn Sie eine große Festplatte besitzen, können Sie diese in einen Ordner Musik sammeln und damit bei Bedarf verwenden. Auch im Internet gibt es viele solcher Soundsammlungen, aus denen auch viele Titel kostenlos heruntergeladen werden können, suchen Sie z.B. nach „wav sounds kostenlos download".

   ↳ Im PowerPoint können Sie mit Einfügen/Audio/"Audio auf meinem Computer..." Musik einfügen, die Sie von Ihrer Festplatte laden oder mit „Audio aufzeichnen" aus einem Musikstück oder Video, dass Sie gerade abspielen, aufzeichnen, vor allem geeignet, um nur kurze Sequenzen aus Musikvideos in die Präsentation einzubauen.

♦ Wir können das Motorengeräusch selbst erstellen, indem wir ein ähnliches Geräusch in einem Audioprogramm modifizieren und durch kopieren oder kürzen auf die entsprechende Länge bringen.

   ↳ Im Internet sind viele Soundprogramme kostenlos zu finden, z.B. Audacity. Einfach im Internet z.B. nach Audio-Editor kostenlos oder direkt nach Audacity suchen.

Bei den vorigen Varianten müssen wir die Sounddateien erst finden. Darum ist die nächste Alternative nicht zu verachten.

♦ Durchaus schneller geht es als die oft schwierige Suche nach einem geeigneten Musikstück, wenn Sie dieses selbst aufnehmen.

   ↳ Jeder Computer verfügt heute über einen Mikrofoneingang und mit etwas musikalischer Begabung ist z.B. ein Brumm-Brumm, dass nicht dem vorgefertigten Einheitsbrei entspricht, aufgenommen. Die Aufnahmefunktion finden Sie wieder in einem Audioprogramm.

   ↳ Oder mit dem Smartphone unterwegs Videos aufnehmen oder Videos von YouTube und ähnlichen Plattformen verwenden, in einem Videoprogramm kann dann der Sound extrahiert und entsprechend gekürzt werden.

Über die Musikformate:

- ◆ In PowerPoint können wir zwar fast alle Musikformate einbauen, doch da Computermusik meistens im Wave-Format wie auf einer Musik-CD gespeichert ist, suchen wir nach Dateien mit der Endung wav.

  - ↻ Bei Wave-Musik, welches auf jeder Musik-CD verwendet wird, ist die Musik mit einer Abtastrate von 44,1 kHz gespeichert. Das heißt, dass jede Sekunde in 44.100 digitale Signale zerhackt wird, deren Lautstärke gespeichert wird.

  - ↻ Beim Abspielen werden diese Impulse zu gleichmäßigen Signalen aufgefüllt, weshalb CD-Abspielgeräte nicht einfach nur die Daten lesen, sondern zum Teil für die Ausgabequalität mit verantwortlich sind.

  - ↻ Durch die extrem feine Zerstückelung ist jedoch theoretisch kein Qualitätsverlust zu analog gespeicherten Signalen feststellbar. Analog aufgezeichnete Musik bedeutet, dass die Schwingungen so wie sie sind, aufgezeichnet werden.

- ◆ Alternativ bietet sich die Dateiendung mid für Midi-Files an, in denen im PC programmierte Musik gespeichert ist, wie diese von elektronischen Keyboards verwendet wird.

  - ↻ Hierbei wurden Original-Instrumente aufgenommen und die Töne digital einzeln abgespeichert.

- ◆ Oft ist Musik auch im mp3-Format gespeichert, welches den Vorteil bietet, dass die Dateigröße der Titel sehr gering ist, denn mp3 wurde in früheren Zeiten, als die Datenträger noch recht wenig Fassungsvermögen hatten, für tragbare Abspielgeräte entwickelt. Nachteil: die ganz tiefen und ganz hohen Töne sind nicht mehr vorhanden, für Präsentationen, die in größeren Räumen mit größeren Lautsprechern vorgeführt werden, daher nicht mehr ideal.

16.2 Musik suchen

- ➢ Die Suchen-Schaltfläche finden Sie bei Start oder im Windows Explorer, dort *.wav eintragen, um nach wav Musikdateien zu suchen. Im Windows Explorer können Sie zuerst wählen, welches Laufwerk durchsucht werden soll, dies ist daher die empfehlenswertere Option.

  - ↻ Auf S. 68 haben wir mit dieser Vorgehensweise bereits Bilder gesucht.

Dieser PC durchsuchen	🔍

16.3 Im Musikprogramm bearbeiten

Ohne Sound keine gelungene Präsentation. Wir werden an dem kostenlosen Programm Audacity demonstrieren, wie ein Audiotitel bearbeitet werden kann (andere Programme funktionieren meist nach demselben Schema).

- ➢ Suchen, installieren und starten Sie auf Ihrem Rechner Audacity oder ein anderes Programm, um Musik zu bearbeiten.

- ➢ Suchen Sie eine Sounddatei oder nehmen Sie eine selbst auf, dann zur weiteren Bearbeitung die Sounddatei im Audioprogramm öffnen.

- ➢ Sofort mit Datei-Speichern unter als neue Datei, z.B. Originalname-Bearbeitungsdatum abspeichern, damit wir das Original nicht verändern.

Das Musikprogramm Audacity:

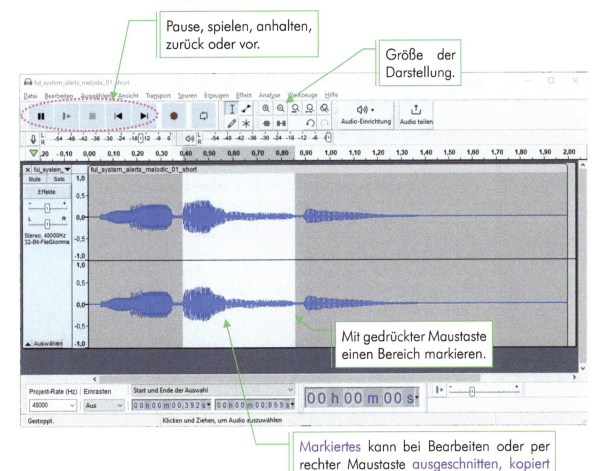

Pause, spielen, anhalten, zurück oder vor.

Größe der Darstellung.

Mit gedrückter Maustaste einen Bereich markieren.

Markiertes kann bei Bearbeiten oder per rechter Maustaste ausgeschnitten, kopiert oder anschließend auch eingefügt werden.

Zum Kopieren oder Kürzen:

➢ Statt mit gedrückter Maustaste können Sie bei gedrückter [Umschalt]-Taste mit den Richtungstasten Bereiche markieren und abmarkieren.

 ✎ Das geht so genauer und entspannter als mit gedrückter Maustaste.

➢ Kopieren und erneut einfügen usw., bis das Musikstück bedeutend verlängert ist oder z.B. Anfangs- und Endbereiche wegschneiden, um nur einen kurzen Ausschnitt zu erhalten.

Weiteres:

♦ Statt Bereiche zu markieren, ist oft ein anderes Vorgehen üblich, das Stück wird an zwei Stellen „geschnitten", dann kann dieses nun losgelöste Stück oder die Bereiche davor und danach gelöscht, kopiert oder verschoben werden.

♦ Beachten Sie die vielen Effekte im entsprechenden Menüpunkt.

Für ein kostenloses Programm äußerst umfangreich, einfach in der Bedienung, aber durch die vielen Funktionen natürlich anfangs etwas unübersichtlich.

➢ Wenn Ihnen der Sound passt und die Länge ungefähr stimmt, als Kopie speichern und schließen.

16.4 Sound einbauen

Sie könnten den Befehl Einfügen/Audio/Audio auf meinem Computer… benutzen, doch damit wird die geladene Musikdatei als eigenständiges Objekt im Fenster Animationsbereich geladen.

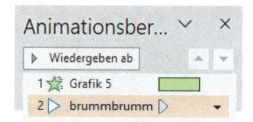

Wir wollen dem einfliegenden und dann wegfahrenden Auto Töne zuordnen. Darum wählen wir diese Methode.

> Im Kapitel 15.7 hatten wir weitere Folien mit einen sich scheinbar bewegenden Sportwagen erzeugt, nun werden wir diesem Sportwagen noch den entsprechenden Sound zuordnen.

> Den Sportwagen auf der ersten Folie anklicken und im Animationsbereich auf der Grafik (die entsprechende Grafik ist markiert, da wir die Grafik mit dem Sportwagen zuvor angeklickt hatten) die rechte Maustaste, dann Effektoptionen wählen.

In dem Menü Effektoptionen können Sie auf der Karteikarte „Effekt" einen Sound auswählen:

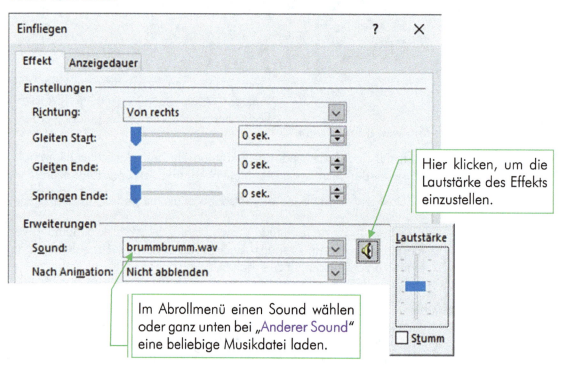

> Auf jeder Folie, die die Bewegung des Sportwagens simulieren, den Sound der Grafik zuordnen.

> Anschließend die Präsentation ablaufen lassen und die Länge der Musik prüfen, ggf. im Musikprogramm noch etwas verlängern oder kürzen und dann im PowerPoint erneut einfügen.

> Gute Präsentationen brauchen wie gute Filme hochwertige Musik. Dies ist zwar durchaus arbeitsaufwändig, aber die Einarbeitung in Sounddateien und Audioprogramme lohnt sich daher.

5. Teil

VORLAGEN

Masterfolien und Vorlagen erstellen, Zeichnen, WordArt, Diagramm und Tabelle

17. Vorlage und Masterfolie

Sehr oft wird im PowerPoint eine der zahlreichen, sehr schön gestalteten Vorlagen verwendet und nur der Text eingetragen. Das ist erstens zu einfach, zweitens wurde hierfür bereits das Wesentliche beschrieben und drittens muss für professionelles Arbeiten gelegentlich ein eigenes Design verwendet werden, wenn z.B. das Firmenlogo oder die Firmenfarben im Hintergrund erscheinen sollen.

Darum werden wir uns bei dieser Übung die Hintergrundfolie anschauen und uns eine eigene Hintergrundfolie generieren. Anschließend wird ein Diagramm erstellt und ein Datum eingefügt. Damit wir die Funktionen kennenlernen können, fangen wir ganz von vorne ohne Vorlage an.

> Jeder Seite ist eine Hintergrundfolie hinterlegt, welche die grafischen Elemente enthält: Linien, Füllungen und geometrische Elemente. Die Verwendung der Masterfolien ist nicht notwendig, bietet jedoch den Vorteil, dass Sie Folien mit gleicher Anordnung und Einrichtung (Schriftarten, Farben, Grafikelementen usw.) erstellen können. Dadurch wirkt eine Präsentation wesentlich professioneller. Als einfache Alternative könnte dies auch erreicht werden, indem weitere Folien durch Duplizieren erstellt werden.

Was auf der Hintergrundseite angeordnet ist, wird auf jeder Folie angezeigt, so dass Sie vor diesen Hintergrund z.B. auf jeder Seite die Textrahmen setzen können. Darum sollte auf der Hintergrundfolie nur angeordnet werden, was wirklich auf jeder Folie sichtbar sein soll.

Auf der Hintergrundfolie können mehrere gefüllte Elemente, z.B. Rechtecke, übereinandergelegt werden, um so verschiedene Füllungseinstellungen zu erhalten. Natürlich können innerhalb einer Präsentation auch verschiedene Hintergrundfolien verwendet werden, wenn z.B. ab einer bestimmten Folie ein ganz anderer Hintergrund erscheinen soll.

> Im PowerPoint gibt es zwar keine Formatvorlagen wie im MS Word oder Stile wie in anderen Programmen, in denen Text- und Absatzeinstellungen gespeichert und damit jederzeit identisch abrufbar sind, aber wir können die voreingestellten Textstile auf der Masterfolie wie gewünscht anpassen und damit als Text- und Absatzvoreinstellungen verwenden.

17.1 Übersicht Masterfolien

Zu jeder Präsentation gehört eine Hintergrundfolie (Folien-Master). Auf dieser befinden sich die Rahmen für dem Hintergrund. Dadurch sind diese Rahmen und der Hintergrund auf jeder weiteren Seite der Präsentation vorhanden, was ein einheitliches Design ermöglicht.

Beginnen Sie eine neue, leere Präsentation, dann zunächst mit Ansicht/Folienmaster zur Masterfolie wechseln, um das Design zu erstellen.

> Wählen Sie Datei/(Neu)/leere Präsentation.

> Bei Entwurf/Foliengröße als benutzerdefiniertes Format 30x20cm im Querformat einstellen und passend skalieren.

> Bei Ansicht zur Ansicht Folienmaster umschalten:

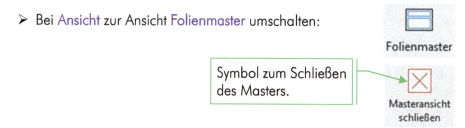

Symbol zum Schließen des Masters.

Links finden Sie zahlreiche Vorschläge für Folien:

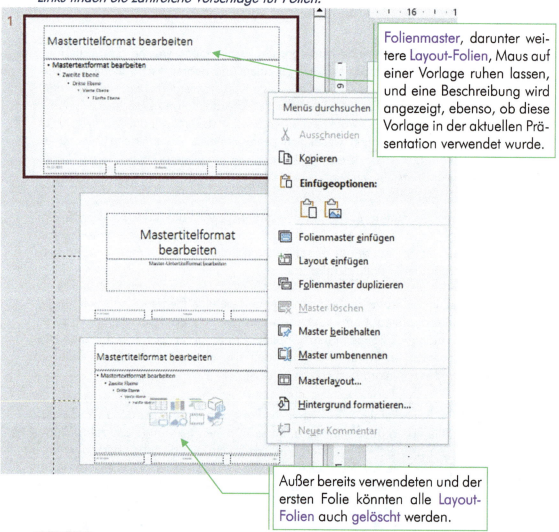

Folienmaster, darunter weitere Layout-Folien, Maus auf einer Vorlage ruhen lassen, und eine Beschreibung wird angezeigt, ebenso, ob diese Vorlage in der aktuellen Präsentation verwendet wurde.

Außer bereits verwendeten und der ersten Folie könnten alle Layout-Folien auch gelöscht werden.

LINDEMANN GROUP © DIPL.-ING. (FH) PETER SCHIEBL

17.2 Masterfolien bearbeiten

Sie können jederzeit mit Ansicht/Folienmaster zu den zugrundeliegenden Masterfolien wechseln, um diese anzupassen, mit Ansicht/Normal wieder zurück zur Präsentation.

Sie finden in der Symbolleiste für den Folienmaster:

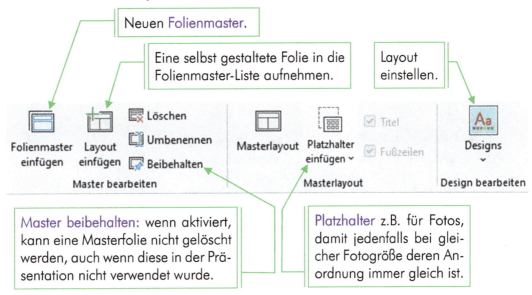

Neuen Folienmaster.

Eine selbst gestaltete Folie in die Folienmaster-Liste aufnehmen.

Layout einstellen.

Master beibehalten: wenn aktiviert, kann eine Masterfolie nicht gelöscht werden, auch wenn diese in der Präsentation nicht verwendet wurde.

Platzhalter z.B. für Fotos, damit jedenfalls bei gleicher Fotogröße deren Anordnung immer gleich ist.

Übrigens: rechte Maustaste auf dem Menüband und Menüband anpassen ist eine schnellere Methode, um zum Einstellmenü zu gelangen (normal Datei/Optionen), dort z.B. bei Allgemein kann das Office-Design gewählt werden, empfehlenswert, dies einmal auszuprobieren.

17.3 Die Folie einstellen

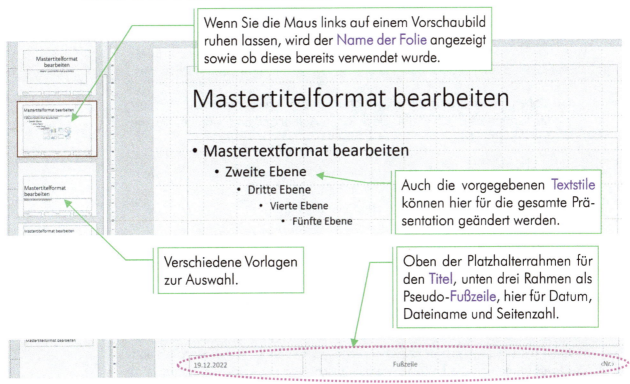

Wenn Sie die Maus links auf einem Vorschaubild ruhen lassen, wird der Name der Folie angezeigt sowie ob diese bereits verwendet wurde.

Auch die vorgegebenen Textstile können hier für die gesamte Präsentation geändert werden.

Verschiedene Vorlagen zur Auswahl.

Oben der Platzhalterrahmen für den Titel, unten drei Rahmen als Pseudo-Fußzeile, hier für Datum, Dateiname und Seitenzahl.

17.3.1 Über die Platzhalter

> Beachten Sie: mit Einfügen/Textfeld eingefügte Textfelder könnten später auf den Folien nicht geändert werden, da diese auf der Masterfolie liegen, so dass der Beispieltext nicht überschrieben oder gelöscht werden könnte, dies ist nur bei Textrahmen, die mit "Platzhalter einfügen" in der Folienmaster-Ansicht erzeugt wurden, möglich, dabei den entsprechenden Platzhaltertyp (Text, Bild, Diagramm usw.) wählen.

◆ Sowohl bei dem Platzhalter „Inhalt" als auch bei „Text" wird in der Präsentation auf neuen Folien immer automatisch ein Bullet vor den Text eingefügt.

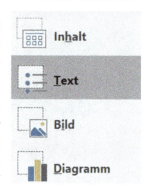

◆ Hinweis zur Textformatierung: es wird in der Präsentation bei neuen Folien Beispieltext mit der PowerPoint Formatierung der zugrundeliegenden Masterfolie eingefügt. Indem wir die Schriftformatierung der Masterfolie ändern, können wir somit die Text-Voreinstellungen anpassen.

↳ Bei neuen Folien jeweils eigenen Beispieltext eintragen, einmal wie gewünscht formatieren und auf die nächsten Folien oder Textrahmen kopieren,

↳ neue Folien mit Folie duplizieren mitsamt den Schrifteinstellungen anlegen oder mit Format übertragen die Formatierungen übernehmen, somit muss Text nur einmal formatiert werden.

17.3.2 Zur Übung: Masterfolie einrichten

Sie können die vorhandenen Textstile auf der Masterfolie wie gewünscht voreinstellen und damit für jede Präsentation, die auf dieser Masterfolie aufbaut, vorgeben. Wenn Sie z.B. regelmäßige Berichte oder anderes erstellen, erreichen Sie auf diese Art auch ein einheitliches Aussehen. Probieren wir dies aus.

➢ Stellen Sie eine andere kräftige Schrift für die erste Schriftebene (Mastertitelformat) ein, z.B. Arial Black oder AcmeFont und wählen Sie die Schriftfarbe Blau.

➢ Wählen Sie für die Textstile (Mastertextformat, zweite Ebene….) jeweils andere, durchaus verrückte Schriftarten und Farben, damit wir in dieser Übung die Wirkung deutlich erkennen können.

Hinweis Masterfolien löschen:

Wir können, außer der obersten Masterfolie, alle Vorlagenfolien löschen, sofern nicht „Beibehalten" bei der Karteikarte Folienmaster aktiviert wurde, was natürlich mehr Überblick verschaffen würde, aber nicht viel bringt, denn wir könnten diese Formatvorschläge benutzen, müssen dies aber nicht. Daher nur löschen, was Sie wirklich ganz sicher nicht verwenden wollen, ansonsten und die Textformate und die Fußzeile wie gewünscht anpassen und anordnen.

17.4 Raster und Führungslinien

Wir wollen eine Overheadfolie erstellen, um Geschäftsdaten zu präsentieren. Damit die Textrahmen und Grafiken auf jeder Seite an den gleichen Positionen liegen, können wir die Seitenränder mit Führungslinien angeben.

➢ Aktivieren Sie Objekte am Raster ausrichten und stellen Sie dieses wie auf S. 54 beschrieben so ein: 2 Linien per cm = alle 0,5cm.

➢ Setzen Sie auch eine horizontale und eine vertikale Führungslinie, hierzu nun eine Anleitung.

Neue Führungslinien rationell setzen:

Führungslinien aus diesem Menü rechte Maustaste/Raster und Führungslinien sind recht umständlich zu setzen. Folgendermaßen geht es einfacher.

♦ [Strg]-Taste gedrückt halten und von den Original-Führungslinien mit der Maus wegziehen, dadurch wird eine Kopie erzeugt.

↳ Mit gedrückter Maustaste können Sie Führungslinien verschieben. Dabei werden die Koordinaten der Führungslinie angezeigt.

↳ Wenn Sie eine Führungslinie aus der Präsentation herausziehen, wird diese gelöscht. Oder auf dieser die rechte Maustaste/Löschen.

PowerPoint zeigt beim Verschieben, bzw. Kopieren der Führungslinien die Koordinaten an dem Mauspfeil an, was die passende Anordnung vereinfacht.

17.5 Kopf- und Fußzeile

Hier können Sie z.B. das Datum, die Nummer der Folie oder Ihren Namen ergänzen. Das geht allerdings nur, wenn Sie die Platzhalter für die Fußzeile nicht gelöscht haben (siehe Abbildung Seite 93).

➢ Da Kopf- und Fußzeilen auf jeder Seite erscheinen sollen, sind diese in der Ansicht Folienmaster zu erstellen, dort den Rahmen für die Fußzeile anklicken und gewünschten Text eintragen.

↳ Es handelt sich zwar dem Namen nach um eine Fußzeile, aber Sie können den Platzhalter beliebig auf der Seite positionieren, also auch als Kopfzeile verwenden oder einfach neue Platzhalter einfügen.

♦ Auf der Karteikarte Folienmaster können Sie mit „Titel" eine Kopfzeile ein- oder ausblenden, gleiches mit „Fußzeilen".

Da auf der obersten Folie (=Folienmaster) Titel und Fußzeile unbedingt erscheinen soll, kann dies bei dieser nicht deaktiviert werden, sondern nur bei den weiteren Vorlagenfolien.

♦ Auf der Karteikarte Einfügen können Sie sowohl das Datum als auch die Foliennummer z.B. in die Kopf- oder Fußzeile einfügen. Beachten Sie bei Datum die Option „automatisch aktualisieren", falls Sie immer das aktuelle Datum anzeigen lassen möchten.

17.5.1 Kopf- und Fußzeile einrichten

Mit vorigem Symbol können Sie das Menü für die Kopf- und Fußzeile öffnen, in dem Sie interessante Einstellmöglichkeiten finden:

♦ Sie können das Datum (automatisch aktualisiert oder fest) und die Foliennummer einblenden.

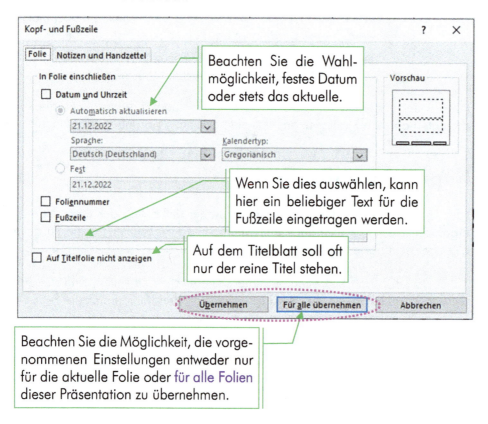

17.5.2 Kopf- oder Fußzeile wiederherstellen

Falls die Platzhalter-Kästchen bereits gelöscht sind, könnten Sie die Voreinstellung folgendermaßen wieder herstellen:

➢ Irgendeine neue Präsentation beginnen, dann mit Ansicht/Folienmaster zur Masterfolie,

➢ die drei voreingestellten Fußzeilen-Kästchen markieren, kopieren, dann Ihre Präsentation öffnen, zur Masterfolie wechseln und dort einfügen.

17.5.3 Zur Übung: Kopf- oder Fußzeile einrichten

➢ Ziehen Sie mit gedrückter [Strg]-Taste Kopien der Führungslinien nach außen, um damit die Seitenränder anzugeben.

➢ Setzen Sie ein aktualisiertes Datum in die Kopfzeile und lassen Sie die Foliennummer anzeigen.

➢ Lassen Sie folgenden Text als Fußzeile anzeigen: © KiWa Spass GmbH.

17.6 Eigene Masterfolien speichern

➢ Löschen Sie einige überflüssige Masterfolien (rechte Maustaste im Vorschaubereich darauf und löschen) – die erste Folie sowie bereits verwendete lassen sich nicht löschen, daher am besten von unten anfangen.

➢ Speichern Sie die so eingestellte Vorlagen-Präsentation als Übung Masterfolien. Wichtig:

↳ Beim „Speichern unter" einen Ordner wählen oder mit „Durchsuchen" zum ausführlichen Menü wechseln, dann unten bei Dateityp auf PowerPoint-Vorlage (*.potx) umschalten.

Beachten Sie, dass automatisch der Ordner für PowerPoint-Vorlagen C:\Users\Benutzername\Documents\Benutzerdefinierte Office-Vorlagen ausgewählt wurde.

↳ Damit müssen Sie sich entscheiden: wenn Sie in diesen Ordner speichern, kann die Vorlage bei Datei/Neu neben den anderen Vorlagen ausgewählt werden, aber Sie müssen bei Ihrer Datensicherung daran denken, diese selbst erstellten Vorlagen auch mitzusichern.

↳ Oder Sie Speichern in Ihren Standardordner, den Sie auch regelmäßig sicher sollten, müssen dann aber zum Verwenden dieser Vorlage in diesen Ordner wechseln.

➢ Schließen Sie diese, beginnen Sie eine neue, leere Präsentation und sehen Sie bei Ansicht/Folienmaster nach, ob die ursprünglichen Masterfolien noch vorhanden sind.

↳ Alles müsste wie zuvor noch vorhanden sein. Also, keine Sorge, Änderungen der Masterfolien gelten immer nur für unsere aktuelle und zukünftige, auf dieser Vorlage aufbauende Präsentationen.

➢ Dann diese Präsentation schließen, ohne zu speichern.

➢ Beginnen Sie nun eine neue Präsentation aufbauend auf dieser Folie: Datei/Neu, dann zu Benutzerdefiniert umschalten und bei „Benutzerdefinierte Office-Vorlagen" sollten Sie unsere gerade erstellte und gespeicherte Vorlage finden, zu erkennen an der Dateiendung *.potx.

Office	**Benutzerdefiniert**

Dateinamenerweiterungen anzeigen geht z.B. bei Windows 11 so: Windows Explorer starten, dort oben bei "Anzeigen/Einblenden" die "Dateinamenerweiterungen" aktivieren. Bei früheren Windows Versionen den Windows Explorer starten, zur Karteikarte Ansicht und dort die Optionen „Erweiterungen bei bekannten Dateitypen ausblenden" abschalten.

17.6.1 Masterfolien anwenden

Gerade haben wir etwas krasse eigene Masterfolien erstellt, um den Umgang mit diesen zu lernen. Jetzt geht es darum, mit diesen Vorlagenfolien eine eigene Präsentation zu erstellen, also die Masterfolien anzuwenden.

♦ Bisher haben wir nur die Schriften voreingestellt und die Fußzeile eingerichtet.

♦ Im nächsten Kapitel werden wir die Übung mit Grafikelementen verschönern und mit passenden Inhalten auffüllen.

♦ Da dies ein Monatsbericht werden soll, der ständig mit aktuellen Daten versehen wird, entwickeln wir parallel die zugrundeliegende Masterfolie und den ersten Monatsbericht, indem wir zwischen der Masterfolie und der Präsentation wechseln, je nachdem, ob wir nur die aktuelle Präsentation oder die Voreinstellungen für alle zukünftigen bearbeiten wollen.

17.7 Hintergrund einfärben

Weiter geht es mit dem Folienmaster.

➢ Zuerst mit Ansicht/Folienmaster/Hintergrundformate/Hintergrund formatieren der ganzen Masterfolie einen bunten Hintergrund zuweisen, dabei diesmal zur Bild- oder Texturfüllung.

Im Kapitel 12 hatten wir die Füllungen schon grundsätzlich vorgestellt, jetzt probieren wir die Bild- und Texturfüllung.

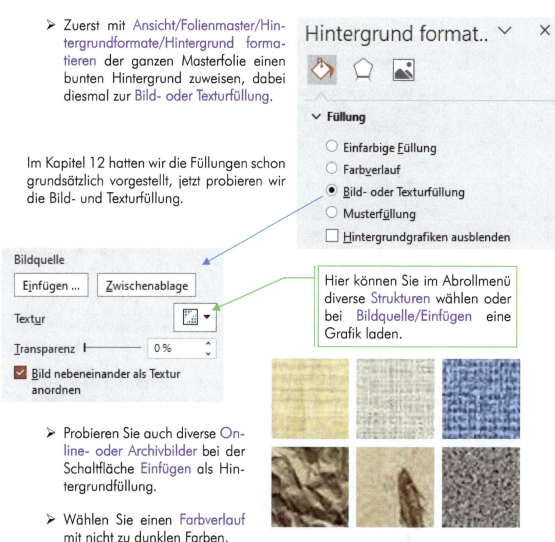

Hier können Sie im Abrollmenü diverse Strukturen wählen oder bei Bildquelle/Einfügen eine Grafik laden.

➢ Probieren Sie auch diverse Online- oder Archivbilder bei der Schaltfläche Einfügen als Hintergrundfüllung.

➢ Wählen Sie einen Farbverlauf mit nicht zu dunklen Farben.

18. Zeichenobjekte, Textfelder

Jetzt werden wir die Vorlage fertigstellen und dafür zeichnen sowie Textfelder voreinstellen. Natürlich könnten Sie gleich in einem Grafikprogramm z.B. ein Firmenlogo professionell zeichnen, speichern und im PowerPoint mit Einfügen/Bilder/Dieses Gerät einfügen.

Dann bietet es sich an, im Format des Grafikprogramms zu speichern, die fertige Zeichnung jedoch in das wmf-Format zu exportieren, da dieses Format problemlos in Microsoft-Programme eingefügt werden kann. Genaueres hierzu finden Sie z.B. in unseren Büchern zu CorelDRAW.

18.1 ClipArt laden

Genauso wie wir ein ClipArt laden, könnten wir ein Foto laden (Einfügen/Bilder), dieses nach hinten setzen oder einen Hintergrund zeichnen. Jetzt benutzen wir jedoch die ganz komfortablen Formen.

> ➢ Da folgende Überschrift auf jeder Folie erscheinen soll, setzten wir diese auf die Masterfolie, die Übung Masterfolie also hierfür öffnen.

> ➢ Wählen Sie eine passende Form, z.B. ein Banner aus der Kategorie Sterne und Banner bei Einfügen/Formen.

> ➢ Mit der Maus das Banner so breit wie die ganze Seite einstellen. Dank des eingestellten Rasters geht dies sehr einfach absolut präzise.

> ↳ Wenn Sie beim Vergrößern oder Verkleinern die [Strg]-Taste gedrückt halten), dann wird dies symmetrisch zu allen Seiten ausgeführt.

> ➢ Rechte Maustaste, dann Text bearbeiten, KiWa GmbH eintragen, zentrieren und die Schrift passend vergrößern.

> ➢ Ggf. vorhandene Textrahmen löschen.

Die Hintergrundfarbe des Grafikobjektes einstellen:

➢ **Rechte Maustaste** auf der Grafik, dann **Form formatieren** und dort bei **Fülleffekt**. Hinweis: **Formkontur** stellt dagegen die Linienfarbei ein.

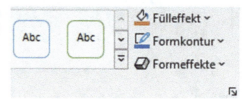

    ↳ Es gibt noch einige weitere Wege, um den Hintergrund einzustellen, z.B. direkt bei Start bei Fülleffekt.

➢ Wählen Sie jetzt noch einen **Pfeil**, ebenfalls bei Einfügen/Formen zu finden, und passen Sie diesen in der Breite an die Folie an.

    ↳ Den Pfeil natürlich auch nach hinten setzen und eine gleiche Füllfarbe für Pfeil und Banner einstellen.

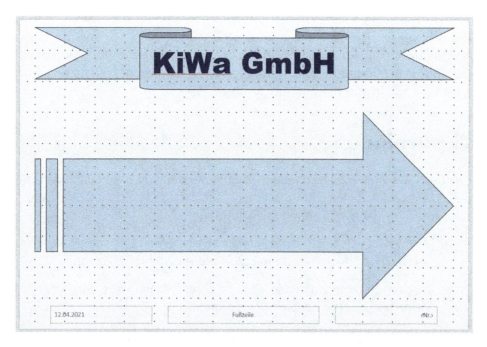

18.2 Mehrere AutoFormen markieren

Wenn der Hintergrund schöngefärbt ist, können wir noch einige Grafikelemente zur Hervorhebung der Überschrift und Gliederung der Folie ergänzen. Doch vor dem Zeichnen einige Hinweise zum Markieren mehrerer Objekte, da dies die Zeichenarbeit enorm erleichtert.

Praktische Hinweise für den Umgang mit Zeichnungselementen:

◆ Markierte Zeichnungselemente können Sie auch mit den Richtungstasten verschieben.

    ↳ Da dies im 1mm-Abstand des Rasters geschieht, lassen sich die Teile damit ganz bequem sehr genau positionieren.

- Mehrere Zeichnungselemente können Sie bei gedrückter [Umschalt]-Taste markieren und zusammen einstellen oder verschieben.

  - Eine Gruppierung empfiehlt sich, wenn die Elemente nicht mehr zueinander geändert werden sollen, um unbeabsichtigtes Verschieben zu verhindern. Ggf. könnte die Gruppierung auch wieder aufgehoben werden.

- Wenn Sie ein Grafikelement anklicken, können Sie mit Formformat/Auswahlbereich ein Menü öffnen, in dem Elemente aufgelistet und markiert werden können, bei gedrückter [Strg]-Taste auch mehrere.

18.3 Zeichnung ergänzen

18.3.1 Kreise und Quadrate

Bei Einfügen/Formen können Sie diverse Zeichnungselemente wie Rechtecke, Ellipsen oder Kreise, Pfeile, Sterne u.v.m. in die Folie einfügen. Dabei gilt:

- Mit gedrückter [Umschalt]-Taste können Sie

  - Kreise statt Ellipsen, Quadrate statt Rechtecken zeichnen und

  - Linien mit genau 0°, 30°, 45°, 60° oder 90° Grad ziehen.

- Wenn Sie die [Strg]-Taste beim Zeichnen gedrückt halten, ist der erste Punkt der Mittelpunkt.

  - Die [Strg]- und [Umschalt]-Taste können auch beide gedrückt werden, dann ist der erste Punkt der Mittelpunkt und es wird ein Kreis oder Quadrat statt Ellipse oder Rechteck gezeichnet.

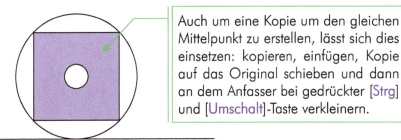

Auch um eine Kopie um den gleichen Mittelpunkt zu erstellen, lässt sich dies einsetzen: kopieren, einfügen, Kopie auf das Original schieben und dann an dem Anfasser bei gedrückter [Strg] und [Umschalt]-Taste verkleinern.

18.3.2 Selbst zeichnen

Zeichnen Sie einen Kinderwagen.

Die Räder:

> Ein Rad: Ellipse mit Einfügen/Formen bei gedrückter [Umschalt]-Taste = Kreis.
>
> > ✎ Falls versehentlich anderes Objekt angeklickt und verschoben, gleich rückgängig.
>
> Liniendicke erhöhen geht auf vielen Wegen, z.B. rechte Maustaste auf dem Element und Form formatieren oder direkt bei Start Formkontur/Stärke.
>
> Dann das Rad mit gedrückter [Strg]-Taste verschieben = kopieren.
>
> > ✎ Dabei spielt es keine Rolle, ob Sie zuerst die [Strg]-Taste drücken oder zuerst das Rad anfassen und verschieben und unterwegs erst die [Strg]-Taste drücken,
> >
> > ✎ zusätzlich können Sie noch die [Umschalt]-Taste gedrückt halten, womit automatisch nur horizontal oder vertikal verschoben wird.

Den Korpus als Freihandfigur:

> Jetzt bei Formen/Linien die Freihandform wählen und das Gestell zeichnen, eine Füllung- und Linienfarbe einstellen.

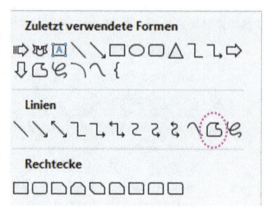

> Auf dem Rahmen rechte Maustaste/Punkte bearbeiten können Sie das Gestell noch umformen, falls es noch nicht ganz passen sollte.
>
> Für den Griff einfach eine Linie ergänzen.

Zu einem Kinderwagen gruppieren:

Damit das ein Kinderwagen und nicht mehr einzelne, gezeichnete Elemente wird, fassen wir alles zusammen.

> Mit gedrückter [Umschalt]- oder [Strg]-Taste nacheinander alle gezeichneten Elemente markieren, dann bei Formformat Gruppieren wählen.
>
> > ✎ Beachten Sie beim Markieren die erscheinenden Anfasserpunkte, anhand derer Sie feststellen können, ob Sie das gewünschte Element markiert haben.

Kinderwagen mehrmals kopieren:

➢ Jetzt ist der gezeichnete Kinderwagen nur noch ein Element, das wir in der Größe anpassen können, wahrscheinlich müssen Sie Ihren Kinderwagen auch verkleinern.

↳ Damit keine Verzerrungen auftreten, die [Umschalt]-Taste dabei gedrückt halten.

↳ Die Liniendicke ändert sich beim Verkleinern nicht, ist daher wahrscheinlich zu dick, zur Korrektur einfach eine dünnere Linie wählen, gilt automatisch für alle Linien, da gruppiert.

↳ Einzelne Elemente können, trotz Gruppierung, weiterhin bei gedrückter [Strg]-Taste angeklickt und geändert werden.

➢ Anschließend den Kinderwagen mit gedrückter [Strg]-Taste mehrmals kopieren und passend anordnen.

So in etwa sollte es aussehen:

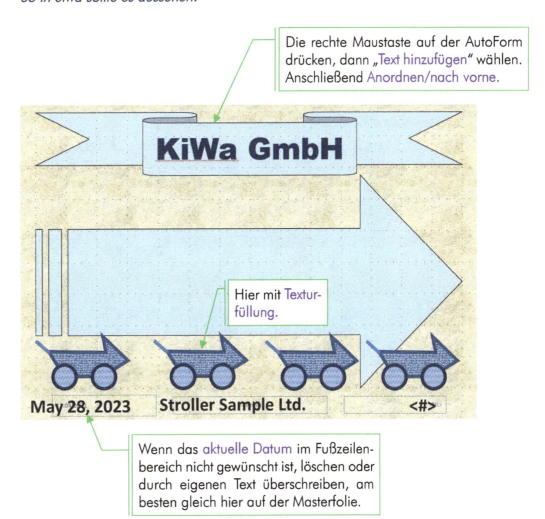

Die rechte Maustaste auf der AutoForm drücken, dann „Text hinzufügen" wählen. Anschließend Anordnen/nach vorne.

Hier mit Texturfüllung.

Wenn das aktuelle Datum im Fußzeilenbereich nicht gewünscht ist, löschen oder durch eigenen Text überschreiben, am besten gleich hier auf der Masterfolie.

18.4 Textrahmen voreinstellen

Was nützt eine Hintergrundfolie ohne Text? Wir wollen noch zwei Textrahmen erstellen, bzw. die vorhandenen entsprechend formatieren, falls Sie diese noch nicht gelöscht haben.

> Der Firmenname KiWa GmbH soll auf jeder Folie erscheinen, darum haben wir diesen auf dem Folienmaster geschrieben. Jetzt wollen wir Textrahmen als Platzhalter erstellen, die später durch eigene Texte über-schrieben werden. Die Theorie hierzu wurde im Kap. 17.3.1 bereits angesprochen.

➤ Auf dem Folienmaster (Ansicht/Folienmaster) auf der Karteikarte Folien-master mit Platzhalter einfügen oberhalb des Pfeils für Überschriften ein Textfeld einfügen und einen Textrahmen auf dem Pfeil, der fast die ganze Seitenbreite einnimmt.

   ↳ Sobald Sie mit Platzhalter einfügen einen Textrahmen gezogen ha-ben, sind die voreingestellten Mustertexte aller Ebenen vorhanden, bei dem oberen Rahmen lassen wir nur die Hauptüberschrift stehen, bei dem unteren alle weiteren.

   ↳ Da der Hintergrund sehr kräftig ausgefallen ist, könnten Sie bei den Textrahmen einen leicht transparenten eher helleren Hintergrund ein-stellen, damit der Text besser lesbar ist.

Die Masterfolie mit den Textrahmen:

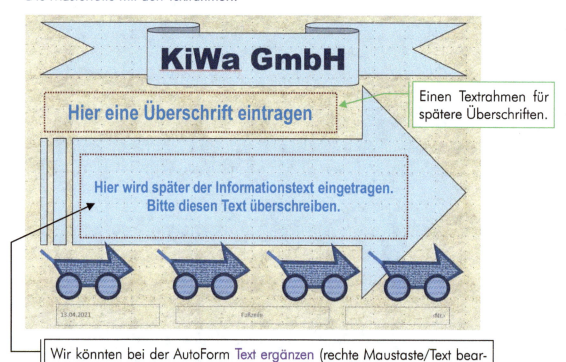

Falls diese Platzhalter-Rahmen später nicht benötigt werden, können diese ge-löscht werden.

18.4.1 Textrahmen anpassen

Eine praktische Option ist, die Größe eines Rahmens automatisch an den enthaltenen Text anpassen zu lassen.

◆ **Rechte Maustaste** auf dem Textrahmen drücken, dann **Form formatieren** wählen und auf der **Karteikarte Textfeld** die Option „**Größe der Form dem Text anpassen**" ankreuzen.

↳ Neben obiger Einstellmöglichkeit können Sie hier für die **vertikale Ausrichtung „Mitte"** wählen, damit wird der Text auch in vertikaler Ausrichtung im Textrahmen zentriert.

↳ Das ist natürlich wirkungslos, wenn die Größe des Rahmens automatisch auf die Texthöhe eingestellt wird.

◆ Das gleiche Menü erreichen Sie mit rechter Maustaste/**Größe und Position**, nur dass auf diesem Wege oben Formoptionen/Größe gewählt ist.

18.5 Das Prinzip der Folienmaster

Nun wird so langsam verständlich, wie die Folienmaster aufgebaut sind.

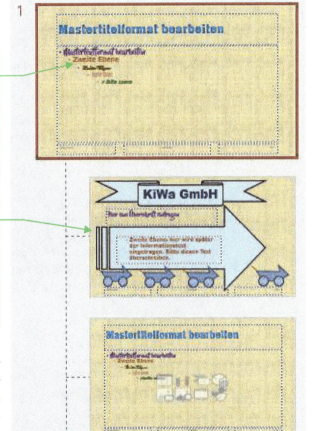

Ganz oben auf der **Master-Titelfolie** werden die Textstile vordefiniert und für alle weiteren Masterfolien geltende Einstellungen, d.h., wenn z.B. die Hintergrundfüllung für alle Folien gelten soll, stellen wir diese hier ein.

Es folgen **weitere Masterfolien**, auf denen wir verschiedene Designs vorgestalten können (Rahmen, Grafiken, Textstile) und die wir als Vorlagen für unsere Präsentationsseiten verwenden können, aber nicht verwenden müssen.

Neue Folie ˅

◆ Die definierten Master- oder Layoutfolien können wir später in der Ansicht Normal mit **Einfügen/Neue Folie** als Voreinstellung auswählen.

18.6 Vorlage speichern

Die eigene Masterfolie ist fertig, soweit dies zum Verständnis der Masterfolien nützlich war, und könnte nun als Vorlage für alle Firmenpräsentationen der Kinderwagen GmbH verwendet werden.

Es gibt zwei Möglichkeiten zum Speichern einer Vorlage:

♦ Sie können die Vorlage in Ihren Ordner speichern. Dann müssen Sie beim Wählen der Vorlage jedoch zwischen diesem Ordner und dem voreingestellten Ordner für Vorlagen wechseln oder

♦ Sie speichern in den voreingestellten Ordner mit den anderen Vorlagen. Das ist zu empfehlen, allerdings müssen Sie bei der Datensicherung an Ihre selbstgemachten oder angepassten Vorlagen denken.

Zum Speichern:

➢ Vermutlich haben Sie bereits gespeichert – als normale Präsentation. In diesem Fall jetzt Datei/Speichern unter/Durchsuchen wählen,

➢ dann bei Dateityp zu PowerPoint-Vorlage (*.potx) wechseln.

| Dateiname: | KiWa2023.potx |
| Dateityp: | PowerPoint-Vorlage (*.potx) |

Unten zu dem Dateityp Power-Point-Vorlage umschalten.

Automatisch wechselt PowerPoint zu dem voreingestellten Ordner für Power-Point Vorlagen, welcher oben in diesem Speichern unter Fenster angezeigt wird:

Speichern unter

← → ∨ ↑ 📁 C:\Users\Benutzername\Documents\Benutzerdefinierte Office-Vorlagen

Organisieren ▾   Neuer Ordner

Hier sind die meisten anderen PowerPoint-Vorlagen gespeichert, so dass Sie keinen Ordner wechseln müssen, wenn Sie eine Vorlage auswählen wollen.

Der genaue Ordnername bei Windows 11 (2023), welcher je nach Windows-Version und -Update gelegentlich wechselt, aber von PowerPoint automatisch gewählt wird, sobald Sie auf den Dateityp Vorlage umschalten:

♦ Dieser PC > Windows (C:) > Benutzer > Benutzername > Dokumente > Benutzerdefinierte Office-Vorlagen

↳ Für die Datensicherung finden Sie diese Vorlagen also auf der Festplatte C in dem Ordner Benutzer/Ihr Benutzername/Dokumente/benutzerdefinierte Office-Vorlagen … leider recht verborgen.

Speichern abschließen:

➢ Dateiname eintragen und speichern, dann PowerPoint beenden.

> Vergessen Sie nicht selbst erstellte Vorlagen bei Ihrer Datensicherung!

18.6.1 Vorlage verwenden

Diese Vorlage können Sie wie jede andere Vorlage bei Datei/Neu wählen:

Bei „Benutzerdefiniert", dann noch mit doppelklicken „benutzerdefinierte Office-Vorlagen" öffnen, finden Sie alle Ihre gespeicherten Vorlagen.

Wie bereits auf Seite 105 erwähnt, können die in der Vorlage definierten Master- oder Layoutfolien in einer Präsentation bei der Ansicht Normal mit Einfügen/Neue Folie als Voreinstellung ausgewählt und verwendet werden.

Das wird im nächsten Abschnitt ausgeführt, bei dem wir die erste KiWa-Präsentation auf dieser Vorlage aufbauend erstellen werden.

18.6.2 Vorlage anpassen

♦ Die Einstellungen der Vorlage können Sie jederzeit anpassen, indem Sie die gerade gespeicherte Vorlagendatei öffnen, bearbeiten und speichern.

    ✧ Beim Speichern der Vorlage dabei wieder den Dateityp PowerPoint-Vorlage angeben, ansonsten würde als normale Präsentation gespeichert werden.

18.6.3 Alternativen zu den Vorlagen

Im nächsten Kapitel können wir die gerade erstellte Vorlage verwenden, um damit unsere erste KiWa-Präsentation zu erstellen.

♦ Diese Arbeitsweise mit einer eigenen Vorlage ist sinnvoll, wenn Präsentationen, die z.B. in verschiedenen Abteilungen Ihrer Firma erstellt werden, das gleiche Design haben sollen.

♦ Ein einfacherer Weg mit der gleichen Wirkung wäre, die erste Präsentation für die neuen Präsentationen mit Datei/Speichern unter neu abzuspeichern und nur den Text zu ändern.

    ✧ Dann muss keine eigene Master-Folie erstellt werden und außerdem ist die letzte Arbeit immer auf dem aktuellsten Stand, was das Design angeht.

19. Diagramm und Tabelle

19.1 Der Startdialog

> Starten Sie PowerPoint neu, dann wie auf der vorigen Seite beschrieben bei Neu/Benutzerdefiniert/benutzerdefinierte Office-Vorlagen unsere neu erstellte Entwurfsvorlage als Grundlage für die neue Präsentation auswählen.

Erstellen

> Wir erhalten nach „Erstellen" damit eine neue Präsentation mit den Voreinstellungen der Vorlage.

> ✍ Bei Office finden Sie alle von Microsoft mitgegebene Vorlagen.

> Gestalten Sie die erste Seite folgendermaßen:

Diesen Text abblenden, dann erst den nächsten Text mit Applaus einblenden.

Die erste Folie der Vorlage wird automatisch angezeigt, andere Designfolien könnten mit Ansicht/Neue Folie gewählt werden.

> Dann diese Präsentation gleich in unseren Übungsordner als KiWa–1 speichern.

Beachten Sie die Dateiendungen: potx für Vorlagen, pptx von PowerPoint für Präsentationen. Wir empfehlen, Dateiendungen anzeigen zu lassen, was folgendermaßen bei Windows 10 geht:

> Den Windows Explorer öffnen, oben auf der Karteikarte Ansicht die Schaltfläche Optionen anklicken und

> in der langen Liste auf der Karteikarte Ansicht den Punk „Erweiterungen bei bekannten Dateitypen ausblenden" abschalten.

☑ Dateisymbol auf Miniaturansichten anzeigen
☐ Erweiterungen bei bekannten Dateitypen ausblenden
☑ Freigabe-Assistent verwenden (empfohlen)

19.2 Text und Folien ergänzen

Wenn Sie alles richtig gemacht haben, sind Sie in der normalen Ansicht und können die Textrahmen bearbeiten, ansonsten ggf. Ansicht/Normal wählen.

♦ Hier verwenden wir eine einfachere Methode, indem wir die erste Folie komplett mit den Textrahmen duplizieren.

♦ Das ist optimal, wenn alle Folien gleich aussehen sollen, was bei diesem Projekt der Fall ist, da die Überschrift auf jeder Seite wie eine Kopfzeile erscheinen soll.

➢ Ergänzen Sie neue Folien, indem Sie die erste Folie anklicken und bei Start/Neue Folie ganz unten aus dem Abrollmenü „Ausgewählte Folie duplizieren" wählen. Oder links im Vorschaubereich rechte Maustaste auf einer Folie, dann „Layout duplizieren".

   ✍ Sie erhalten eine identische Kopie mit den Textrahmen, die nur mit den aktuellen Texten überschrieben werden brauchen.

> Oben klicken und es wird eine leere Folie eingefügt, unten bei dem Pfeilbereich klicken, um das Abrollmenü zu öffnen.

➢ Schreiben Sie die im folgenden abgebildeten Texte (oder einen eigenen Beispieltext).

   ✍ Dafür auf den neuen Folien ggf. Textrahmen ergänzen oder vorhandene löschen.

➢ Ändern Sie die Schriftgröße passend und stellen Sie bei Format-Zeilenabstand einen Abstand vor und nach den Absätzen ein.

   ✍ Jede Seite sofort im Vorschaufenster kontrollieren und ggf. in der Folienansicht die Textrahmen passend verschieben.

Die zweite Seite:

> Wieder den ersten Text abblenden, dann erst den nächsten Text mit Sound einblenden.

19.3 Eine Tabelle

Wenn der Text eingegeben und passend formatiert ist, sollten auf der dritten Seite die Daten der Marktanteile in einer Tabelle angegeben werden.

➢ Ergänzen Sie eine dritte Seite wieder Folie duplizieren.

    ↬ Die vorhandenen Texte erstmal noch nicht löschen, diese können wir jederzeit passend überschreiben oder löschen.

19.3.1 Tabelle einfügen

◆ Bei Einfügen/Tabelle/Tabelle zeichnen könnten Sie mit der Maus Tabellenlinien zeichnen oder wegradieren – eher kompliziert.

◆ Praktischer ist es, eine Tabelle komplett mit den gewünschten Spalten und Zeilen einzufügen, vor allem, da diese Vorgabe einfach angepasst werden kann, indem z.B. mehr Spalten oder Zeilen ergänzt werden.

➢ Auf der Karteikarte Einfügen das Symbol „Tabelle" anklicken, wenn Sie auf der dritten Seite sind und nichts markiert ist. Dieses Menü klappt auf:

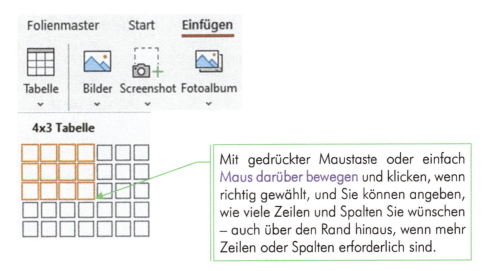

Mit gedrückter Maustaste oder einfach Maus darüber bewegen und klicken, wenn richtig gewählt, und Sie können angeben, wie viele Zeilen und Spalten Sie wünschen – auch über den Rand hinaus, wenn mehr Zeilen oder Spalten erforderlich sind.

➢ Wählen Sie vier Spalten und vier Zeilen.

➢ Bewegen Sie die Maus über den Rand der Tabelle (oben oder seitlich), bis der Mauspfeil zu einem Viererpfeil wechselt, dann können Sie mit gedrückter Maustaste die gesamte Tabelle verschieben.

➢ Sie sehen, dass wir die Textrahmen nicht brauchen. Löschen Sie den Textrahmen im Pfeil und platzieren Sie stattdessen die Tabelle dort. Zum Löschen den Rahmen auf der Linie anklicken, dann [Entf].

19.3.2 Tabelle formatieren

Die Tabelle wird zunächst in einer Standardgröße eingefügt und muss noch passend formatiert werden, was nun folgt.

Wenn eine Tabelle angeklickt ist, erscheinen oben bei den Befehlskategorien die zwei Karteikarten Tabellenentwurf und Layout, auf denen Sie alle Formatierungsbefehle für Tabellen finden:

- ◆ Tabellenentwurf: grafische Einstellungen wie Farben …

- ◆ Layout: Zeilen und Spalten einstellen …

➢ Wählen Sie bei Tabellenentwurf ein geeignetes Design.

➢ Jetzt können Sie einige Werte in die Tabelle eintragen:

	KiWa	Konkurrent 1	Konkurrent 2
2021	123.000 €	55.000 €	99.000 €
2020	177.000 €	66.000 €	101.000 €
2021	255.000 €	46.000 €	95.000 €

Eine äußere Tabellenlinie können Sie mit der Maus anfassen und damit die ganze Tabelle verschieben.

Wenn Sie die Maus über eine Spalten- oder Zeilenlinie bewegen, wechselt der Mauspfeil zu einem Doppelpfeil. Dann können Sie mit gedrückter Maustaste die Spalten- oder Zeilenlinie verschieben.

Problem letzte Spalte rechts:

- ◆ Voriges geht allerdings nicht bei der letzten Spalte, hier können Sie nur am mittleren Anfasserpunkt die gesamte Tabellenbreite einstellen, was die Spaltenbreite jeder Spalte verändert.
  - ✎ Danach bietet sich Layout/Spalten verteilen an, um die Spaltenbreite automatisch auszugleichen.

- ◆ Gleiches Problem besteht, wenn Sie mit Doppelklicken auf einer Spaltenlinie die Spaltenbreite automatisch an den Inhalt anpassen lassen, auch dies geht nicht bei der letzten Spalte.
  - ✎ Der praktikabelste Weg ist daher, zuerst die Tabellenbreite ungefähr passend einzustellen und dann mit der Maus über den inneren Spaltenlinien jede Spaltenbreite manuell anzupassen.

Zur Übung grundlegende Tabelleneinstellungen:

➢ Die Tabelle passend anordnen und die gesamte Breite günstig einstellen.

➢ Bei der linken Spalte mit den Jahreszahlen durch Doppelklicken auf der Spaltenlinie die Breite automatisch an den Inhalt anpassen lassen.

➢ Dann die weiteren drei Spalten mit gedrückter Maustaste markieren, entweder innerhalb von links oben nach rechts unten oder über der Tabelle, wenn der Mauscursor zu einem dicken Pfeil wechselt, und mit „Spalten verteilen" deren Breite exakt gleich einzustellen.

⊟‡ Zeilen verteilen

⊞ Spalten verteilen

19.3.3 Die Symbolleiste

Wenn Sie eine Tabelle anklicken, erscheinen oben bei PowerPoint die Oberpunkte Tabellenentwurf und Layout, bei ersterem finden Sie wichtige Rahmeneinstellungen:

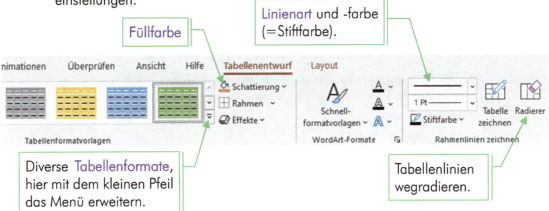

Diverse Tabellenformate, hier mit dem kleinen Pfeil das Menü erweitern.

Tabellenlinien wegradieren.

Zu den Rahmenlinien:

♦ [Strg]-a markiert die ganze Tabelle, sofern diese angeklickt war. Ist die Tabelle markiert, können bei Rahmen alle Linien eingestellt werden.

♦ Linienart, -farbe usw. einstellen, dann bei „Tabelle zeichnen" Linien zeichnen (auch bereits existierende Tabellenlinien nachzeichnen) oder bei Rahmen angeben, für welche Linien dies gelten soll.

Die Änderung der Linienfarben:

♦ Linienfarben und auch die Liniendicke sowie -art können nur ganz rechts neben Tabelle zeichnen gewählt werden, dann können mit „Tabelle zeichnen" die Linien nachgezeichnet werden, für die diese Änderung übernommen werden soll.

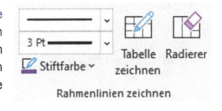

↳ Wenn fertig, mit [Esc] „Tabelle zeichnen" beenden.

Beachten Sie diese Spezialität von PowerPoint:

♦ Bei den Tabellenformatvorlagen finden Sie viele voreingestellte Farbschemas, bitte das Menü mit dem Pfeil rechts darunter erweitern und alle einmal anschauen.

♦ Die Füllfarbe von markierten Bereichen können Sie bei Schattierung einstellen, allerdings, falls Sie ganz links „gebänderte Zeilen" (oder Spalten) gewählt haben, was bedeutet, dass jede zweite Zeile etwas heller ist, geht dies dabei verloren.

♦ Bei Rahmen können die Begrenzungslinien gewählt oder abgewählt werden, was wieder nur für markierte Bereiche gilt.

♦ Bei „Effekte" können die markierten Bereiche räumlich erhoben dargestellt werden.

19.3.4 Die Tabellenbefehle

Weitere Tabellenbefehle finden Sie bei Layout.

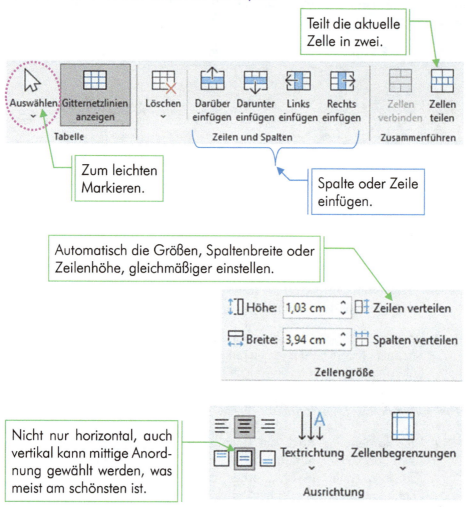

So etwa sollte diese Folie werden:

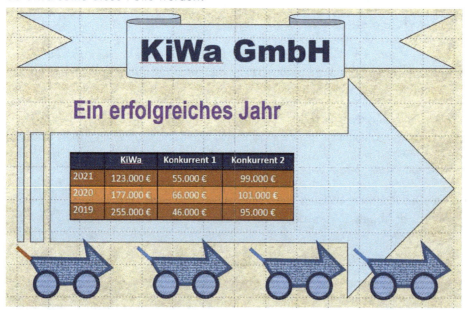

19.4 Diagramm erstellen

Wir wollen nun ein Diagramm aus den Werten unserer Tabelle erstellen.

Neue Seite:

Hoppla, wir haben keine leere, neue Seite mehr. Wenn Sie die Seite mit der Tabelle kopieren würden, würde das Textfeld fehlen.

➢ Darum auf der Seite 2 vor der Tabelle rechte Maustaste, dann Layout duplizieren und anschließend im Gliederungsbereich

➢ diese Folie einfach hinter die Seite mit der Tabelle ziehen,

➢ dann als Überschrift „Die Umsätze als Grafik" eintragen und den Textrahmen im Pfeil löschen.

Werte für das Diagramm:

➢ Die Werte der Tabelle markieren und kopieren (einschließlich der Überschriften).

↳ Wenn Sie von oben links mit gedrückter Maustaste markieren wollen, verschieben Sie in der Regel die Tabelle, dann gleich rückgängig. Einfacher lässt sich von unten rechts nach oben links markieren.

➢ Dann auf die nächste Seite nach der Tabelle wechseln und auf der Karteikarte Einfügen ein Diagramm einfügen, dabei eine Vorlage nach Ihrem Geschmack aussuchen.

➢ In dem erscheinenden Fenster ähnlich MS Excel die vorhandenen Beispielwerte zuerst löschen, dann die kopierten einfügen.

Zuerst die Werte ohne Formatierung einfügen:

In dieser Datentabelle wollen wir die Werte ohne Formatierung, wählen Sie einfach beim Smarttag rechts „An Zielformatierung anpassen".

Spaltenbreite einstellen:

Wenn die Spalten zu schmal sind, werden statt der Werte nur „####" angezeigt. Also sollten wir die Spaltenbreite eher etwas zu groß formatieren.

Oben zwischen zwei Spaltenreitern können Sie mit gedrückter Maustaste die Spaltenbreite einstellen.

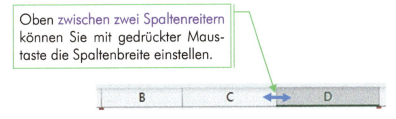

Fenstergröße einstellen:

Auch die Gesamtgröße dieses Datenfensters kann eingestellt werden, was sehr empfehlenswert ist, damit möglichst alle Daten sichtbar sind. Dafür die Maus über den Fensterrand bewegen, sobald ein Doppelpfeil erscheint, kann mit gedrückter Maustaste die Fenstergröße eingestellt werden.

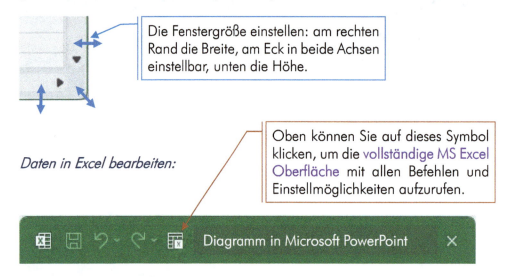

Die Fenstergröße einstellen: am rechten Rand die Breite, am Eck in beide Achsen einstellbar, unten die Höhe.

Daten in Excel bearbeiten:

Oben können Sie auf dieses Symbol klicken, um die vollständige MS Excel Oberfläche mit allen Befehlen und Einstellmöglichkeiten aufzurufen.

♦ Im Excel können Sie nicht nur Formeln für Berechnungen einfügen, sondern z.B. auch die Anordnung (zentriert usw.) oder Schriftformatierung (fett, Schriftgröße usw.) einstellen.

♦ Wieder zurück geht es, indem Sie das Excel Fenster mit dem X-Symbol oben rechts schließen, im PowerPoint ist dann allerdings die Datentabelle auch weg, diese kann mit der rechten Maustaste auf dem Diagramm und „Daten bearbeiten" wieder geöffnet werden.

Die wie gewünscht eingestellte Datentabelle:

Beachten Sie die nützliche Rückgängig-Option, falls etwas nicht wie gewünscht ausfällt.

Oben kann das Fenster verschoben werden.

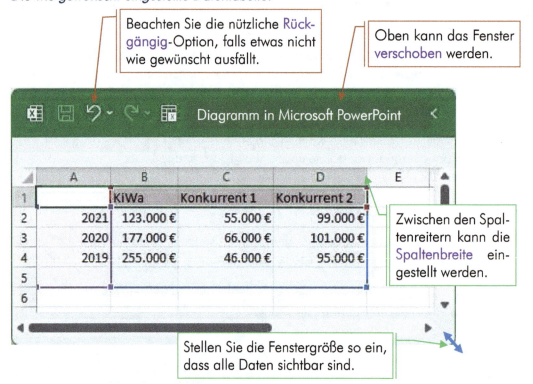

Zwischen den Spaltenreitern kann die Spaltenbreite eingestellt werden.

Stellen Sie die Fenstergröße so ein, dass alle Daten sichtbar sind.

➤ Leider wird das Diagramm noch nicht richtig dargestellt. Wir müssen noch die vorausgewählten Werte korrigieren:

4	2019	255.000 €	46.000 €	95.000 €
5				
6				

Genau am Eckpunkt anfassen und nach oben schieben, um die Leerzeile aus der Markierung zu entfernen, damit wird im Diagramm rechts der leere Bereich entfernt.

➤ Nun an den Eckpunkten das Diagramm in den Pfeil einpassen.

➤ Konkurrent 1, bzw. 2 ist zu lang. Das Diagramm zu verbreitern, reicht in diesem Fall nicht aus, also kürzen die Namen in der Datentabelle z.B. in K1 und K2.

So z.B. könnte die fertige Grafik aussehen:

Diagrammelemente ein- oder ausblenden, andere Vorlagen wählen oder bei Filter Daten selektieren.

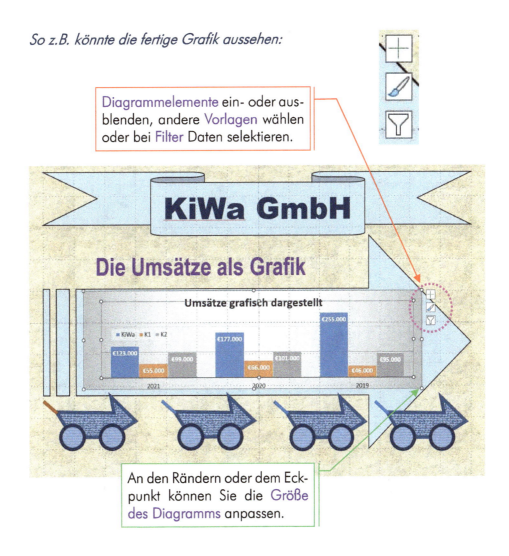

An den Rändern oder dem Eckpunkt können Sie die Größe des Diagramms anpassen.

19.5 Diagramm einstellen

➢ Passen Sie die Größe an und schieben Sie das Diagramm an die richtige Position.

Leider wird das Diagramm noch nicht richtig dargestellt. Wir müssen die Beschriftungen korrigieren.

➢ Jedes Element des Diagramms kann angeklickt und dann eingestellt werden, z.B. rechte Maustaste auf dem Diagramm und Daten bearbeiten oder rechte Maustaste auf der Legende und dann Legende formatieren.

    ↳ Bei Legende formatieren könnte z.B. die Position geändert werden, z.B. oben, wo mehr Platz ist.

    ↳ Wenn Sie z.B. die rechte Maustaste auf der Legende drücken, können Sie diese ausschalten, deren Schriftart einstellen oder diese anders anordnen.

    ↳ Damit können Sie alles Mögliche einstellen. Sie müssen die rechte Maustaste nur auf dem Element drücken, dass Sie ändern wollen.

➢ Auf dem Diagramm die rechte Maustaste und Diagrammtyp ändern, dann können Sie eine andere Diagrammvorlage wählen, z.B. Liniendarstellung oder Balken.

➢ Als weitere Alternative könnten Sie auch auf der Beschriftungsachse die rechte Maustaste drücken und Schriftart wählen, dann z.B. die stark komprimierte Schrift Arial Narrow wählen.

So in etwa sollte es werden:

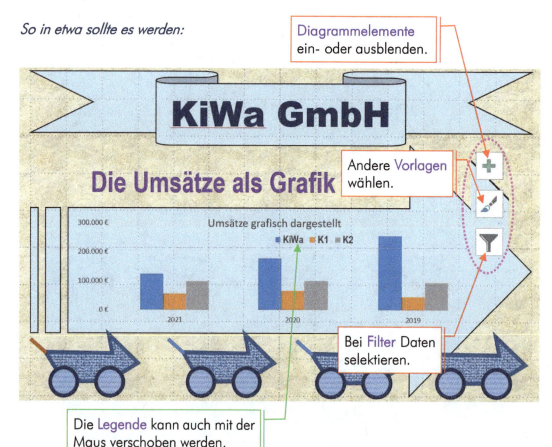

Diagrammelemente ein- oder ausblenden.

Andere Vorlagen wählen.

Bei Filter Daten selektieren.

Die Legende kann auch mit der Maus verschoben werden.

19.6 Objekt oder Excel-Tabelle einfügen

Nicht nur von Excel, sondern Dateien, die in beliebigen anderen Programmen erstellt wurden, können Sie mit Einfügen/Objekt in PowerPoint einfügen.

Beachten Sie die zwei Möglichkeiten:

♦ „Neu erstellen", um z.B. eine Excel-Tabelle in einer Folie selbst anzufertigen oder

♦ „Aus Datei erstellen", um eine fertige Berechnung oder Grafik zu laden.

   ✎ Auf diesem Objekt rechte Maustaste und Worksheet (oder Grafik) bearbeiten, um diese zu bearbeiten,

   ✎ keine Sorge, das Original wird nicht verändert,

   ✎ mit öffnen statt bearbeiten würden Sie allerdings die Originaldatei öffnen und auch ändern!

Je nachdem, welche Programme auf Ihrem PC installiert sind, werden andere Objekttypen angezeigt:

Notizen: ....
....
....
....
....
....
....
....
....
....
....

6. Teil

WEITERES

Fotoalbum, WordArt, Rechtschreibprüfung, Voreinstellungen, Exportieren, Übersicht

20. Fotoalbum

Bei dieser letzten Übung wollen wir uns noch einmal eine Vorlage erstellen. Das wäre zwar nicht unbedingt nötig, da es genügend Vorlagen gibt, geht jedoch auch ganz unproblematisch und bietet den Vorteil, dass Sie damit später mehrere identische und individuell eingerichtete Seiten, z.B. mit Copyright oder einem Firmennamen, erstellen können.

Dieses Mal gehen wir bei der Vorlage noch einen Schritt weiter und werden drei Vorlagenfolien erstellen: Titel, normale Folien und spezielle Folien für ein Fotoalbum. Dann können wir später, beim Erstellen der Präsentation, z.B. nach einigen Fotofolien eine normale Folie für Beschreibungstexte einfügen.

20.1 Übersicht Masterfolien

➢ Beginnen Sie eine neue, leere Präsentation, dann zunächst mit Ansicht/Folienmaster zur Masterfolie wechseln, um das Design zu erstellen.

Links finden Sie zahlreiche Vorschläge für Folien:

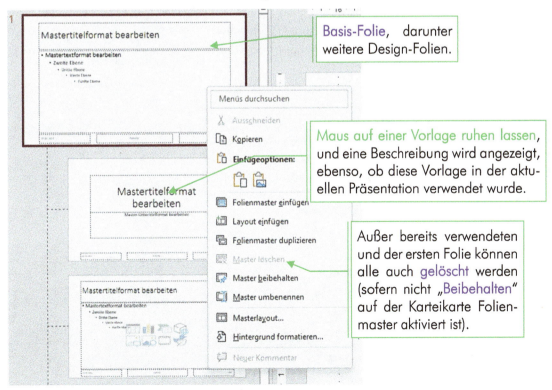

20.2 Eigene Masterfolien

Der Umgang mit den Masterfolien ist nicht schwer, jedoch etwas undurchsichtig gestaltet. Die Verwendung der Masterfolien ist nicht notwendig, bietet jedoch den Vorteil, dass Sie Folien mit gleicher Anordnung und Einrichtung (Schriftarten, Farben, Grafikelementen usw.) erstellen können. Dadurch wirkt eine Präsentation wesentlich professioneller. Als einfache Alternative könnte dies auch erreicht werden, indem weitere Folien durch Duplizieren erstellt werden. Um den Umgang mit den Masterfolien nun vollständig zu erlernen, erstellen wir uns drei Masterfolien in Eigenarbeit.

➢ Löschen Sie die vorhandenen Masterfolien so weit wie möglich (rechte Maustaste im Vorschaubereich darauf und „Layout löschen".

  ↳ Die ersten beiden Folien Folienmaster und Titelfolie Layout sowie bereits verwendete lassen sich nicht löschen, daher am besten von unten anfangen oder

  ↳ dritte Folie anklicken, dann [Strg]-[Umschalt]-[Ende], um alle weiteren zu markieren und auf einmal löschen: rechte Maustaste darauf und Layout löschen.

➢ Speichern Sie die Präsentation als Fotoalbum-Masterfolie, schließen Sie diese, beginnen Sie eine neue Präsentation und sehen Sie bei Ansicht/Folienmaster nach, ob die Masterfolien noch vorhanden sind.

  ↳ Also, keine Sorge, Änderungen der Masterfolien gelten immer nur für unsere aktuelle Präsentation.

➢ Dann diese Präsentation schließen, ohne zu speichern, und unsere zuvor gespeicherte Übung wieder öffnen.

Wir wollen nun drei Vorlagentypen erstellen, eine für die Titelfolien, eine für Beschreibungstexte und eine für Fotos.

Das geht folgendermaßen:

➢ Wir sind noch bei der Ansicht/Folienmaster. Links bei der ersten Unterfolie deren Hintergrund farbig gestalten: rechte Maustaste/Hintergrund formatieren und z.B. einen Farbverlauf frei einstellen:

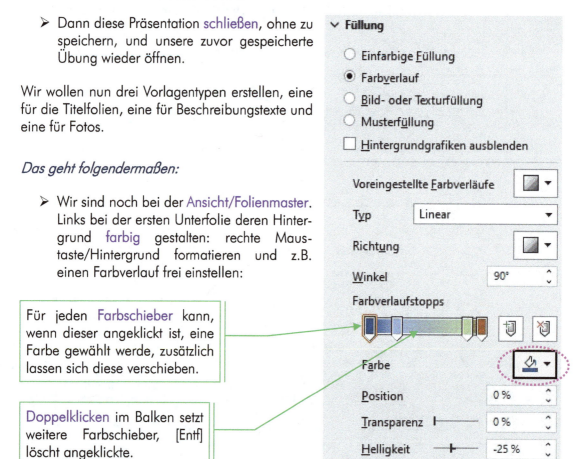

Für jeden Farbschieber kann, wenn dieser angeklickt ist, eine Farbe gewählt werde, zusätzlich lassen sich diese verschieben.

Doppelklicken im Balken setzt weitere Farbschieber, [Entf] löscht angeklickte.

20.3 Die Masterfolie und die Folgenden

> ➤ Dann diese Folie zweimal duplizieren, somit haben wir gleiche Farbein-
> stellungen: links auf der Vorschaufolie rechte Maustaste /Duplizieren.

> ➤ Bevor Sie die folgenden zwei Folien einrichten, bei Ansicht/Anzeigen (Er-
> weiterungspfeil) Objekte am Raster ausrichten aktivieren.

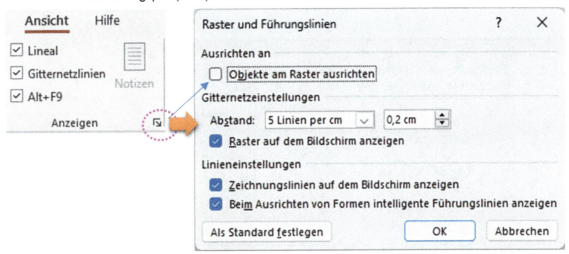

Was sich auf dem Folienmaster, der obersten Folie, befindet, ist zwangsläufig auf allen anderen Folien, hier darf also nur eingerichtet werden, was tatsächlich auf jeder folgenden Folie erscheinen soll.

> In unserem Fall, da wir bei den folgenden Folien verschiedene Platz-
> halter-Rahmen einrichten möchten, dürfen diese daher nicht auf der
> ersten Masterfolie eingerichtet werden.

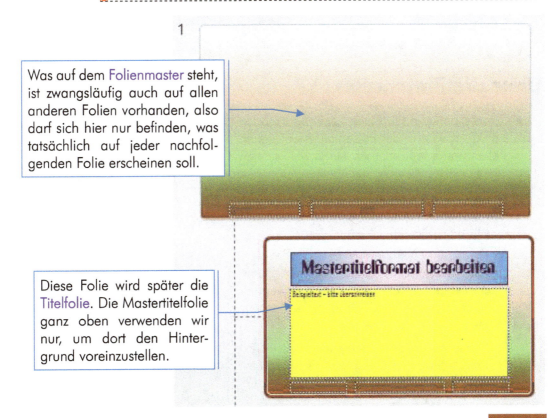

Was auf dem Folienmaster steht, ist zwangsläufig auch auf allen anderen Folien vorhanden, also darf sich hier nur befinden, was tatsächlich auf jeder nachfolgenden Folie erscheinen soll.

Diese Folie wird später die Titelfolie. Die Mastertitelfolie ganz oben verwenden wir nur, um dort den Hintergrund voreinzustellen.

20.4 Platzhalter einfügen

> Beachten Sie: mit Einfügen/Textfeld eingefügte Textfelder könnten später auf den Folien nicht geändert werden, da diese auf der Masterfolie liegen, so dass der Beispieltext nicht überschrieben oder gelöscht werden könnte, dies ist nur bei Textrahmen, die mit Folienmaster/Platzhalter einfügen erzeugt wurden, möglich, dabei den entsprechenden Platzhaltertyp (Text, Bild, Diagramm usw.) wählen.

Passen Sie auf den zwei gerade duplizierten Folien alle Textrahmen ähnlich der folgenden Abbildung an.

➢ Löschen Sie vorhandene Rahmen und achten Sie

➢ beim Einzufügen der neuen Rahmen darauf, diese mit der Funktion „Platzhalter einfügen" zu setzen.

Folien für Beschreibungstext. In diesem Fall nur einen Textstil übriglassen, die anderen löschen, dann passend mit Beispieltext füllen.

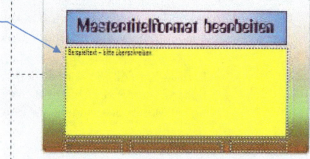

20.5 Über die Platzhalter

♦ Sowohl bei dem Platzhalter „Inhalt" als auch bei „Text" wird in der Präsentation auf neuen Folien immer automatisch ein Bullet vor den Text eingefügt.

  ↳ Text nach Ihren Wünschen bereits vorzuformatieren, geht über die Mastertextformate auf dem obersten Folienmaster.

  ↳ Bei neuen Folien jeweils eigenen Beispieltext eintragen, zum Formatieren dabei eine passende Mastertextebene verwenden oder diese Ebene auf der obersten Mastertitelfolie entsprechend formatieren.

  ↳ Später bei neuen Präsentationen kann Text natürlich wie gewünscht anders als voreingestellt formatiert werden.

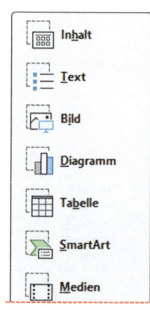

> Platzhalter-Rahmen dürfen auch nicht kopiert werden, dabei geht die Platzhalter-Funktion verloren. Falls Sie bei einer Präsentation vor dem Problem stehen, dass Platzhalter-Inhalte nicht überschrieben werden können, hatten Sie vermutlich den Platzhalter in der Vorlage kopiert.

20.6 Eine Folie für Fotos

Nach den Folien für einleitenden Text, folgt nun die Folien-Vorlage für spätere Foto-Präsentationen.

> ➢ Falls noch nicht geschehen, eine weitere Folie in der Masteransicht ergänzen.

> ➢ Für die Foto-Folie also zwei Platzhalter „Bild" einfügen (siehe vorige Seite), der angezeigte Text kann aber beliebig geändert und formatiert werden.

> ➢ Ebenso darunter zwei Platzhalter Text, die Textbeispiele löschen und stattdessen Beschreibung Foto 1 usw. einfügen und formatieren.

Eine erste Folie für Fotos. Wichtig, nur wenn Sie wie auf der nächsten Seite beschrieben einen Foto-Platzhalter einfügen, können später Fotos in diesen Rahmen eingefügt werden.

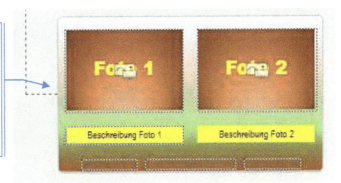

Diese Foto-Folie wird in Präsentationen für weitere Fotos kopiert, so dass alle Fotofolien ein gleiches Design haben.

20.7 Masterfolien vorbereiten

Gerade haben wir etwas krasse eigene Masterfolien erstellt, um den Umgang mit diesen zu lernen. Jetzt geht es darum, mit diesen Vorlagenfolien eine eigene Präsentation zu erstellen, also die Masterfolien anzuwenden.

> ➢ Bevor wir die Vorlage speichern, müssen wir abschließend zu Ansicht Normal wechseln, ansonsten würden neue Präsentationen basierend auf dieser Vorlage ebenso in der Masteransicht geöffnet werden.

> ➢ Die in der Ansicht Normal noch vorhandenen Textrahmen müssen wir auch löschen, damit nur unsere manuell eingerichteten Platzhalter auf neuen Präsentationen erscheinen.

20.8 Masterfolien verwenden

➢ Speichern und schließen Sie die Übung, dann eine neue Präsentation beginnen, basierend auf dieser Vorlage.

↳ Wir haben hier nun nur eine leere Folie mit dem Hintergrund, da wir auf der ersten Masterfolie ja alles gelöscht hatten, um verschiedene Rahmen innerhalb dieser Präsentation zu ermöglichen.

◆ Nun zur nächsten neuen Folie: bei Start/Neue Folie unten beim Pfeil klicken, um das Auswahlmenü aufzuklappen,

Neue Folie ⌄

↳ hier finden Sie nun unsere zuvor erstellten Masterfolien,

➢ und eine Titelfolie einfügen und mit eigenem Beispieltext füllen,

➢ die vorhandene leere Folie nur mit dem Hintergrund (=die oberste Masterfolie) danach löschen.

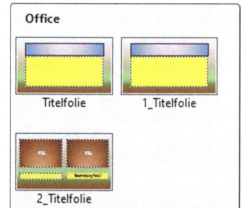

20.9 Masterfolien bearbeiten

Sie können jederzeit mit Ansicht/Folienmaster zu den zugrundeliegenden Masterfolien wechseln, um diese anzupassen, mit Ansicht/Normal wieder zurück zur Präsentation.

Sie finden in der Symbolleiste für den Folienmaster:

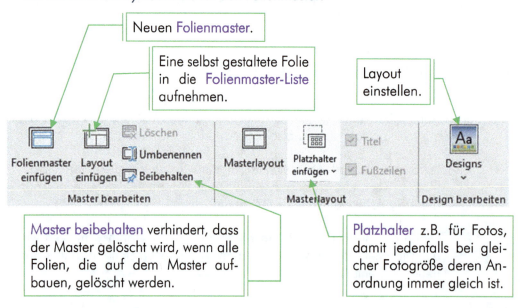

20.10 Neue Präsentation

Um diese Übung abzuschließen, erstellen wir nun ein Foto-Album, dabei einfach irgendwelche Fotos verwenden, die sich auf Ihrem PC finden, oder vom Internet Beispielfotos herunterladen.

> Die Masteransicht schließen, also zur Ansicht „Normal" wechseln, einige Seiten erstellen und mit Ihrem Beispieltext überschreiben, z.B.:

Mein Fotoalbum

Ihr Name

> Fügen Sie auch einige Foto-Seiten ein, dabei Beispielfotos einfügen.

Hier in der Mitte klicken, dann von Ihrem PC einige Beispielfotos einfügen.

Foto 2

P51 Mustang im Tiefflug

Beschreibung Foto 2

20.11 Die Funktion Fotoalbum

Fotoalbum

Mit diesem Befehl Einfügen/Bilder/Aus Datei haben wir bereits einzelne Bilder geladen, jetzt werden wir uns die Funktion Fotoalbum anschauen, die sich ebenfalls bei Einfügen befindet.

Damit können Sie sich eigene Diashows im PowerPoint erstellen. Natürlich lassen sich zu den Fotos auch noch Texte oder Animationen oder Musik wie bisher ergänzen.

Der Unterschied zu wie in der vorigen Übung manuell eingefügte Fotos ist:

♦ Die Funktion Fotoalbum startet immer eine neue Präsentation mit einer Titelfolie und beliebig vielen Fotofolien.

♦ Sie können auf einmal mehrere Fotos auswählen, jedes Foto wird auf einer eigenen Folie angeordnet, so dass die Präsentation wie eine Diashow abgespielt werden kann.

Fotoalbum erstellen:

➢ Wählen Sie Einfügen/Fotoalbum.

➢ Ganz egal, ob Sie in einer Präsentation auf Fotoalbum klicken oder unten bei dem Pfeil „Neues Album" wählen, es wird immer eine neue Präsentation gestartet.

> Es kann also hiermit kein Fotoalbum in eine bestehende Präsentation eingebaut werden.

Im erscheinenden Menü können hiermit die gewünschten Fotos ausgewählt werden.

➢ Suchen Sie Fotos, die Sie in das Fotoalbum aufnehmen wollen, und erstellen Sie einige Fotoalbum-Seiten zur Übung.

✍ Falls Sie keinen Ordner mit verwendbaren Beispielfotos finden, auf Ihrem Rechner nach Fotos suchen wie auf Seite 68 beschrieben.

Das Foto-Auswahlmenü:

Wählen Sie mit dieser Funktion die Fotos aus. Mit gedrückter [Umschalt]-Taste können gleich mehrere gewählt werden.

Alle zuvor gewählten Fotos werden eingefügt, markieren ist nur möglich, um ein Foto mit den Symbolen zu bearbeiten: Drehen, Kontrast, Helligkeit. Dies ist nur aktiv, wenn NUR ein Foto markiert wurde!

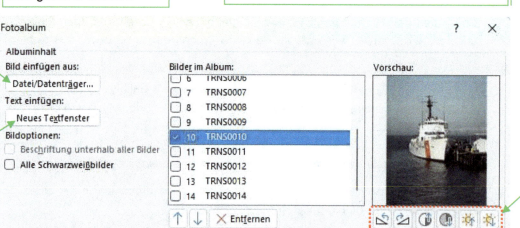

Beachten Sie die Möglichkeit, hiermit leere Folien z.B. für Beschreibungstext beliebig zwischen die Fotofolien zu setzen.

Fotoalbum erstellen:

> ➤ Nach „Erstellen" wird die Präsentation vorbereitet.

> ➤ Stellen Sie mit Bildschirmpräsentation/Anzeigedauern testen provisorisch ein, dann die Präsentation testweise ablaufen lassen ([F5]).

> ♦ Auch bei Übergänge/Nächste Folie können Sie die Anzeigedauern für einen automatischen Folienwechsel einstellen, allerdings muss dies für jede Folie erledigt werden.

20.12 Fotos optimieren

Falls ein Bild etwas zu dunkel oder zu hell sein sollte, lässt sich das im Power-Point korrigieren.

> ➤ Sobald Sie ein eingefügtes Foto oder ClipArt anklicken, können Sie oben mit dem Karteireiter Bildformat zu den Grafiksymbolen wechseln.

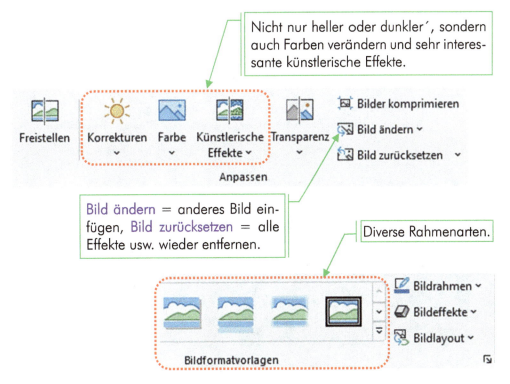

> ♦ Alternative: auf der Grafik die rechte Maustaste drücken und Grafik formatieren wählen, ein Menü, in dem z.B. die Füllfarbe, Schatten, Größe, Helligkeit usw. eingestellt werden kann.

Weitere interessanten Optionen:

- Besonders wenn Sie Bilder mit hoher Auflösung verwenden, können Sie diese für eine reine Bildschirmpräsentation komprimieren, um die Dateigröße zu reduzieren und damit auch Ruckler bei der Wiedergabe zu vermeiden, siehe obere Abb.: „Bilder komprimieren".

- Ganz rechts finden Sie die Funktion „Zuschneiden", mit der die Ränder weggeschnitten werden können. Damit kann nicht nur das Format angepasst werden, sondern es kann z.B. ein Bild auf eine Form wie bei Einfügen/Formen, z.B. eine Ellipse oder Pfeil, reduziert werden.

Zuschneiden

- Bei Farbe können Sie den Farbton ändern oder mit „Transparente Farbe bestimmen" eine Farbe ausblenden, gut verwendbar bei halbwegs einfarbigen Hintergründen, um diese auszublenden.

Farbe

  - ↳ Bei dem Punkt Transparenz kann eine Transparenz für das gesamte Foto eingestellt werden.

  - ↳ Falls das Bild jedoch in einen Rahmen eingefügt wurde, wird diese Rahmenfüllfarbe sichtbar, nicht der Hintergrund, dann am einfachsten das Bild löschen und neu ohne Rahmen einfügen.

Transparenz

- Einen Schritt weiter geht die Funktion „Freistellen", hiermit kann alles bis auf das gewünschte Objekt ausgeblendet werden, z.B. einen Delphin.

Freistellen

  - ↳ Mit + oder – bei gedrückter Maustaste Bereiche markieren oder abmarkieren, bis das gewünschte ausgewählt ist.

Zu behaltende   Zu entfernende   Alle Änderungen   Änderungen
Bereiche markieren Bereiche markieren verwerfen   beibehalten

Verfeinern   Schließen

Beispielseite der Fotoalbum-Präsentation:

21. WordArt

WordArt ist ein Zusatzprogramm, mit dem Spezialeffekte wie in einem Grafik-programm möglich sind: Text mit Schatten, Schraffuren oder mit räumlicher Perspektive, natürlich in Farbe!

Da Sie mit solchen grafisch aufbereiteten Texten, z.B. für ein Firmenlogo, gerade bei einer Bildschirmpräsentation Eindruck machen können, folgt eine kurze Beschreibung.

21.1 WordArt starten

➢ Beginnen Sie eine neue Datei mit einer schönen Vorlage und erzeugen Sie dort einige leere Absatzmarken. Sie finden das WordArt-Symbol auf der Karteikarte Einfügen:

Folgendes Auswahlfenster erscheint:

Eine Form durch An-klicken auswählen.

➢ Wählen Sie eine Form aus, die Ihnen gefällt und tragen Sie in dem erscheinenden Fenster den gewünschten Text ein, z.B.:

An diesem Hebel kann der Text sogar gedreht werden.

Kami Print Verlag

Fertig! Das Ergebnis leicht gedreht:

> Weil WordArt viel vom Rechner verlangt, sollten Sie es nur für wenige Wörter verwenden, keinesfalls für längere Texte.

21.2 WordArt einstellen

Jede Vorauswahl kann individuell eingestellt werden.

♦ Sie können dieses Objekt wie jede Grafik mit der Maus verschieben oder an den Anfasserpunkten in der Größe ändern.

♦ Sobald Sie das Objekt anklicken, kann es erneut bearbeitet werden. Besonders interessant sind die Zeichentools bei Formformat:

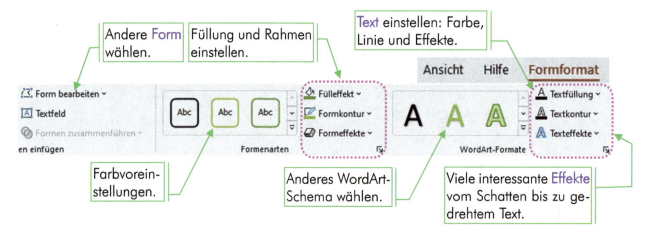

Bei „Form bearbeiten" wurde eine runde Form gewählt, Farbe und Liniendicke hierfür eingestellt, dann bei Texteffekte eine Transformation verwendet:

21.3 Farben und Schattierungen

➢ Beachten Sie, dass Sie auch bei Formformat mit dem kleinen Erweiterungspfeil jeweils vollständige Menüs öffnen können:

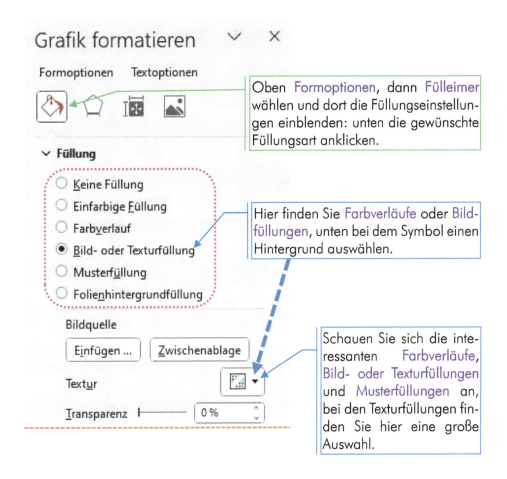

Mit gestrecktem Text und Füllung „Holz" für den Hintergrund:

♦ Bei jedem Fülleffekt können weitere Effekte auf den Hintergrund angewendet werden, z.B. einen leuchtenden Rand oder Schatten.

♦ Bei Bild- oder Texturfüllung könnte auch ein beliebiges Bild als Hintergrund verwendet werden.

21.4 Übung WordArt

Erstellen Sie mit Ihren Kenntnissen eine Anzeige:

Die Textform kann bei Texteffekte/Transformieren geändert werden.

Text um 5 pt sperren (strecken) geht so am einfachsten: markieren, rechte Maustaste/Schriftart, dort zur Karteikarte Zeichenab-

Buchstaben
gegen Geld
Schreibarbeiten jeder Art übernimmt:
Schreibbüro Adler
43 333 Obertypesettelbach
Tel.: (234) 45 3445

21.5 WordArt spiegeln und drehen

Grafik? – mit WordArt super einfach. Bei PowerPoint-Folien optimal.

➢ Schreiben und formatieren Sie folgenden Text mit WordArt:

➢ Hier wurde ein selbstgestalteter Farbverlauf für den Hintergrund verwendet, indem mit Doppelklicken weitere Farbpunkte gesetzt wurden, für die dann eine Farbe gewählt wurde.

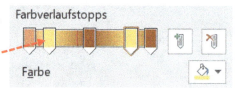

➢ Der Text erhielt bei Textoptionen eine Spiegelung nach unten sowie ein hellgelbes Leuchten, alles einstellbar, indem der Text markiert wird, darauf die rechte Maustaste/Form formatieren und zu den Textoptionen.

Bei Texteffekte/Transformieren können Texte auch gedreht werden:

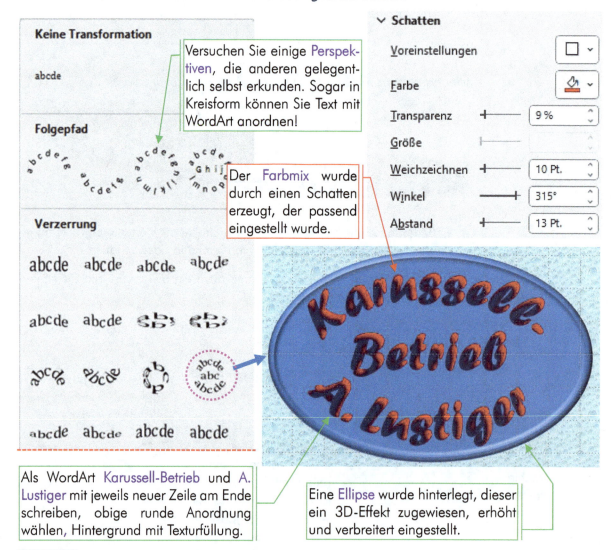

Versuchen Sie einige Perspektiven, die anderen gelegentlich selbst erkunden. Sogar in Kreisform können Sie Text mit WordArt anordnen!

Der Farbmix wurde durch einen Schatten erzeugt, der passend eingestellt wurde.

Als WordArt Karussell-Betrieb und A. Lustiger mit jeweils neuer Zeile am Ende schreiben, obige runde Anordnung wählen, Hintergrund mit Texturfüllung.

Eine Ellipse wurde hinterlegt, dieser ein 3D-Effekt zugewiesen, erhöht und verbreitert eingestellt.

22. Weitergabe, Hyperlinks etc.

Wenn Sie die Datei auf Ihrem Computer, z.B. Ihrem Laptop, veröffentlichen, ist das Ganze kein Problem, da Sie PowerPoint installiert haben. Dann brauchen Sie nur die Präsentation im PowerPoint ablaufen zu lassen.

Es ist jedoch auch möglich, die Präsentation auf einem anderen Computer ohne PowerPoint abzuspielen oder sogar im Internet zu veröffentlichen. Dazu folgen ein paar kurze Hinweise.

22.1 Präsentation weitergeben

Mit dem folgenden Befehl können Sie die fertige Präsentation so abspeichern, dass diese auch auf einem Computer ohne PowerPoint lauffähig ist. Dann kann die Präsentation z.B. auf einen USB-Stick gebrannt werden und zu Kunden oder zu einer Tagung mitgenommen werden.

- ◆ USB-Sticks sind hierbei wesentlich praktischer als CD's/DVD's zum Datentransport, da heute nicht mehr jeder Computer über ein DVD-Laufwerk verfügt, da der Brennvorgang entfällt und diese nicht kratzerempfindlich wie DVDs sind.

- ◆ Als Alternative wäre die Möglichkeit, auf einem z.B. für eine Tagungsgruppe freigegebenen Online-Speicher zu sichern. Zur Sicherheit aber trotzdem auf einem USB-Stick oder dem zur Tagung mitgenommenen eigenen Laptop speichern.

Bei Datei/Exportieren finden Sie einige Optionen hierfür:

- ◆ PDF/XPS-Dokument erstellen: besonders PDF bieten sich an, damit die Präsentation nicht (leicht) verändert werden kann und auch auf unterschiedlichsten Wiedergabemedien unverändert aussieht.

- ◆ Video erstellen: hier kann die Präsentation in eine übliche mp4-Videodatei exportiert werden, was die problemlose Wiedergabe z.B. auf Smart-TVs ermöglicht oder die Veröffentlichung auf Videoplattformen wie YouTube usw. Bei PowerPoint 2021 ist es nun auch möglich, das Video in 4K Qualität auszugeben.

- ◆ ... für CDs (DVDs): wie zuvor erwähnt nicht mehr die beste Option.

- ◆ Handzettel erstellen: die Folien werden als Tabelle in ein MS Word-Textdokument exportiert.

  ⮵ Falls die Folien nicht sichtbar sein sollten, alles markieren ([Strg]-a) und bei Start/Format/Absatz den Zeilenabstand von genau auf einfach umstellen.

♦ **Dateityp ändern**: hier kann die Präsentation z.B. in eine PowerPoint-Bild-schirmpräsentation exportiert werden, diese kann z.B. aus dem Windows Explorer mit Doppelklicken gestartet werden und läuft dann wie ein Film ab, ohne dass etwas vom Betrachter geändert werden könnte.

↳ Weitere Zielformate sind jpg- oder png-Fotos (jede Folie wird in ein Foto exportiert oder eine Präsentation in eine Vorlage umwandeln.

Ebenfalls im Menü „Datei" können Sie bei Freigeben eine Präsentation im Internet speichern lassen:

♦ **Für Personen freigeben**: mit der kleinen Schaltfläche mit dem Passfoto kann aus dem Adressbuch ein Kontakt ausgewählt werden, für den Sie diese Präsentation freigeben können.

↳ Allerdings kann dieses Adressbuch nur der Exchange-Administrator an-legen und pflegen. MS Exchange ist das Kommunikationsprogramm von Microsoft für Unternehmen und natürlich kostenpflichtig. Sollten Sie dieses nicht haben oder nicht den Exchange-Administrator ken-nen, können Sie diese Funktion somit nicht verwenden.

♦ Besser ist es somit, die Präsentation manuell in einen freigegebenen Speicherbereich zu kopieren, z.B. mit DropSend, DropBox oder WeTransfer.

↳ Früher, als große Emails oft nicht übermittelt wurden, war dies ein notwendiger Weg, um PowerPoint-Präsentationen übers Internet wei-terzugeben, da diese meist recht große Dateien sind.

♦ Heute ist es in der Regel kein Problem, eine PowerPoint-Präsentation ein-fach als E-Mail-Anhang zu versenden, was bei dem nächsten Punkt „E-Mail" möglich wäre.

♦ Den Punkt Online vorführen stellt einen Mittelweg dar und ermöglicht es, einen Link per E-Mail an die Betrachter zu verschicken, mittels dem diese der Online-Vorführung zusehen können, ohne aber die Präsenta-tion zu erhalten.

22.2 Wasserzeichen

Gerade vor einer Weitergabe oder gar Veröffentlichung stellt sich die Überle-gung, eine Präsentation durch ein Wasserzeichen zumindest etwas gegen un-erlaubte Weitergabe zu schützen.

Hierfür gibt es in PowerPoint keine automatische Funktion, so dass nur fol-gende manuelle Vorgehensweise möglich wäre:

♦ In einem Bildbearbeitungsprogramm, z.B. Corel Photo-Paint, einem Foto manuell ein Wasserzeichen hinzufügen, z.B. „copyright Ihr Firmenname" als Text schreiben und dann mit einem Effekt nicht sofort erkenntlich ein-stellen,

↳ z.B. aufhellen oder wie in unserem Buch zu Corel Photo-Paint be-schrieben, den Text in eine Maske umwandeln und dann diesen mas-kierten (=markierten) Bereich heller einstellen.

♦ Dieses Foto dann in den Hintergrund der Masterfolie einbauen oder als Hintergrund verwenden, so dass dieses auf jeder Folie der Präsentation erscheint.

22.3 Hyperlinks

♦ Hyperlinks, um z.B. eine Webseite zu öffnen, können Sie einfach in jeden Text einer Power-Point-Präsentation schreiben oder dorthin kopieren oder hierfür die Funktion Einfügen/Link verwenden.

↳ Diese Schaltfläche ist nur aktiv, wenn ein Textfeld angeklickt wurde.

↳ Bei Einfügen/Link wird automatisch das Einstellmenü für Hyperlinks geöffnet, welches Sie mittels der rechten Maustaste auf einem Hyperlink und „Link bearbeiten" auch bei jedem Hyperlink aufrufen können.

↳ In dem Einstellmenü können Sie einen Link auch verwenden, um zu einer anderen Folie dieser Präsentation zu springen, indem Sie links bei „Aktuelles Dokument" eine Folie angeben.

➢ Einen Text markieren, dem der Hyperlink hinterlegt werden soll, dann Einfügen/Link wählen. Dieses Menü erscheint:

Mit „Datei oder Webseite" ganz oben kann eine beliebige Webadresse eingetragen werden oder wie hier einen Verweis auf eine andere Stelle im „aktuellen Dokument".

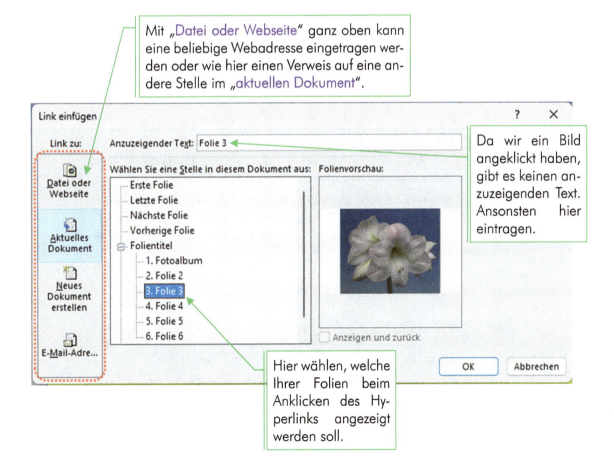

Da wir ein Bild angeklickt haben, gibt es keinen anzuzeigenden Text. Ansonsten hier eintragen.

Hier wählen, welche Ihrer Folien beim Anklicken des Hyperlinks angezeigt werden soll.

22.4 Die Rechtschreibprüfung

♦ Die Rechtschreibprüfung können Sie im Menü Überprüfen mit Rechtschreibung oder mit [F7] starten.

F7

Wahrscheinlich sind Ihnen schon einige rot unterstrichene Wörter aufgefallen. Das ist die automatische Rechtschreibprüfung.

♦ Auch PowerPoint benutzt das dem Office beigegebene Wörterbuch.

↪ Diese Wörter vergleicht es mit Ihrem Text.

↪ Verwenden Sie ein Wort, das nicht im Wörterbuch enthalten ist, wird es markiert.

↪ Darum sind die unterstrichenen Wörter nicht unbedingt falsch!

♦ Damit sehen Sie auch die Grenzen:

↪ Besonders bei Fachtexten kennt PowerPoint sehr viele Wörter nicht.

↪ Die unbekannten Wörter können Sie in ein so genanntes Benutzerwörterbuch aufnehmen.

↪ Sinnvoll für immer wiederkehrende Fachwörter, natürlich auch für Ihren Namen, Straße usw.

♦ Alle Office Programme verwenden das gleiche Benutzerwörterbuch namens RoamingCustom.dic (dic für dictionary). Je nach Office-Version kann diese Datei auch RoamingBenutzer.dic oder vorherige ohne Roaming heißen.

↪ Alle z.B. im Word in das Benutzerwörterbuch aufgenommenen Wörter gelten daher auch im PowerPoint und umgekehrt.

↪ Früher gab es im Office die Möglichkeit, sich mehrere eigene Benutzerwörterbücher anzulegen, z.B. eines für medizinische Fachtexte, eines für zweisprachig gemischte Texte, das ist bei Office 2021 leider nicht mehr möglich.

Wörter aus dem Benutzerwörterbuch löschen:

♦ Falls Sie versehentlich doch falsch geschriebene Wörter aufgenommen haben, können Sie im Windows Explorer die Festplatte C: nach *.dic durchsuchen lassen, dabei die Suchoption „Alle Unterordner",

↪ wenn mehrere gefunden werden, nach Datum sortieren lassen,

↪ die aktuellste mit dem Editor oder Word öffnen und das falsche Wort einfach löschen, speichern nicht vergessen.

22.4.1 Die automatische Erkennung

- ◆ Während dem Schreiben werden unbekannte Wörter rot unterstrichen.
  - ✍ Anstatt die Rechtschreibprüfung in einer Marathon-Aktion über einen langen Text laufen zu lassen, kann sofort ausgebessert werden:

Korrektur starten:

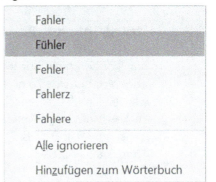

- ◆ Auf einem rot unterstrichenen Wort die rechte Maustaste drücken.

- ◆ Jetzt werden Korrekturvorschläge angezeigt.

Die Optionen:

- ◆ Ist das richtige Wort dabei, wählen Sie den Korrekturvorschlag aus.

- ◆ Ist Ihr Wort richtig geschrieben und trotzdem rot unterstrichen, so kennt PowerPoint dieses Wort nicht.
  - ✍ Drücken Sie auf Hinzufügen..., um das Wort in das Benutzerwörterbuch aufzunehmen,
  - ✍ oder auf Alle Ignorieren, wenn das Wort nur in dieser Präsentation vorkommt. Es wird dann in dieser Präsentation nicht mehr rot unterringelt, also von der Rechtschreibprüfung ignoriert.

- ◆ Natürlich können Wörter, wenn Sie den Fehler sofort erkennen, auch von Hand geändert werden.

22.5 Die Voreinstellungen

Wie bei jedem Office-Programm, kann PowerPoint bei Datei/Optionen eingestellt werden,

- ◆ z.B. bei Dokumentprüfung könnten Sie die gerade beschriebene automatische Rechtschreibprüfung abschalten,
  - ✍ was viele PowerPoint-Profis machen, da wir wenig, aber außerordentlich wichtigen Text mit oft vielen Fachbegriffen haben, so dass diese Prüfung mehr stört als nützt.

- ◆ Bei Menüband anpassen können Sie z.B. Symbole ergänzen oder löschen, bei Speichern den Standardspeicherort einstellen usw.
  - ✍ Bei Speichern könnten Sie auch den von PowerPoint vorgeschlagenen Ordner für persönliche Vorlagen ändern.

- ◆ Ebenfalls bei Speichern ist eine für professionelle Anwendung wichtige Funktion zu finden: „Schriftarten in der Datei einbetten".
  - ✍ Ist dies aktiviert, umgehen Sie das Problem, dass Jahre später genau die verwendete Schriftart nicht mehr auf Ihrem Rechner installiert sein könnte, damit das ganze Design durcheinandergewürfelt wird.
  - ✍ Auch bei Weitergabe wird die Datei auf anderen Rechnern perfekt angezeigt und wenn Sie „Alle Zeichen einbetten" aktivieren, kann diese auch bearbeiten und verändert werden.

22.6 Übersicht

Zum Ende folgen einige nützlich Ratschläge für den Umgang mit PowerPoint und weitere Befehle und Möglichkeiten, welche seltener gebraucht werden.

22.6.1 Datei/Informationen

hier können nicht nur Informationen zu der Datei eingegeben werden (auf „Eigenschaften" klicken, dann „Erweiterte Eigenschaften"), z.B. Titel, Thema und Autor,

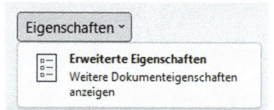

- ♦ sondern es werden auch viele Eigenschaften der Präsentation angezeigt, z.B. die Dateigröße, wie viele Wörter vorkommen, der Speicherort, die verwendeten Schriften usw.

- ♦ Zusätzlich können Sie hier Ihre Präsentation schützen, z.B. dass diese nur noch mit einem Passwort bearbeitet werden kann:

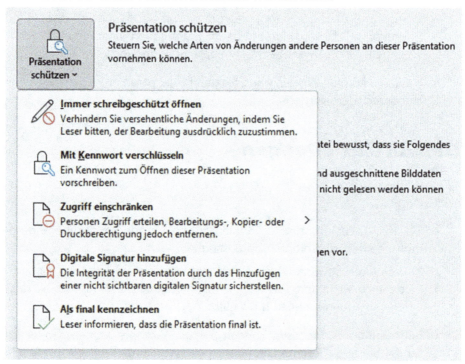

- ♦ Und Sie können hier Ihre Präsentation noch einmal automatisch überprüfen lassen.

Präsentation überprüfen
Machen Sie sich vor der Veröffentlichung dieser Datei bewusst, dass sie Folgendes enthält:
- ■ Dokumenteigenschaften, Name des Autors und ausgeschnittene Bilddaten
- ■ Inhalte, die von Personen mit Behinderungen nicht gelesen werden können

22.6.2 Kommentare

Kommentar

♦ Kommentare können mit der rechten Maustaste oder im Menü Einfügen ergänzt werden.

    ✎ Kommentare werden bei der Präsentation nicht angezeigt, sind daher nur beim Bearbeiten der Präsentation als Erklärungen oder Erinnerungshilfen einsetzbar.

22.6.3 Folien aus Gliederung

Folien aus Gliederung: zu finden auf der Karteikarte Einfügen im Abrollmenü bei Neue Folie ganz unten - eine irreführende Bezeichnung.

♦ Hiermit können Sie beliebige Textdokumente in PowerPoint einfügen, die dort natürlich zu einer neuen Folie werden,

    ✎ genauer: PowerPoint wählt für jeden Absatz eine eigene Folie, wenn der Text aus zahlreichen Absätzen besteht, erhalten Sie ebenso viele Folien.

♦ Sinnvoller ist es meist, das Dokument (=Gliederung) in dem Originalprogramm zu öffnen, dort zu markieren, was übernommen werden soll, dieses kopieren und in die PowerPoint-Präsentation einzufügen.

    ✎ Dieser Weg ist in der Regel empfehlenswerter, da Sie genau wählen können, was in die PowerPoint-Folie eingefügt werden soll, denn in den seltensten Fällen soll ein Dokument komplett mit einer eigenen Folie je Absatz eingefügt werden.

22.6.4 Überprüfen und Makro

♦ Überprüfen/Vergleichen: wenn Sie eine Präsentation z.B. per Email verschickt haben und korrigiert zurückerhalten haben, können Sie hiermit die Änderungen übernehmen.

    ✎ Sicherheitshalber zuvor eine Sicherungskopie Ihrer ursprünglichen Version, z.B. mit an dem Dateinamen angehängtem Datum, abspeichern.

♦ Makro: immer wiederkehrende Befehlsfolgen können Sie als Makro programmieren und später ablaufen lassen. Im PowerPoint selten benötigt.

    ✎ Makros einfach aufzunehmen, geht leider nicht mehr, sondern diese müssen in der Microsoft Programmiersprache Visual Basic programmiert werden, wofür ein eigenes Buch nötig wäre.

Notizen: ....

....

....

....

....

Standard-Shortcuts und Tasten:

[Strg]–s	Speichern	[Strg]–x	Ausschneiden
[Strg]–p	Drucken	[Strg]–c	Kopieren
[Strg]–z	Rückgängig	[Strg]–v	Einfügen
[Strg]–a	Alles markieren	[Strg]–d	Folie duplizieren
		[Strg]–m	Neue Folie
[Strg]–f	Suchen	[Strg]–h	Ersetzen
F5	Bildschirmpräsentation starten		
F1 oder Menüpunkt Hilfe?	Hilfe	[Esc]	Abbrechen

[AltGr]	² ³ { } [ ] \ | @	
[Return]	Neuer Absatz.	
[Umschalt]-[Return]	Neue Zeile im gleichen Absatz	
[Return] am Textende in der Normalansicht	Neue Folie beginnen	

Notizen: ....
....
....
....
....
....
....
....
....
....
....
....
....
....

Kapitel
23

23. Index

LINDEMANN GROUP © DIPL.-ING. (FH) PETER SCHIEßL